傻瓜也會寫論文
（量化+質化增訂版）
社會科學學位論文寫作指南

顏志龍　著

五南圖書出版公司 印行

致謝（第五版）

關於這次《傻瓜也會寫論文》的改版原由，說來有點玄妙，是來自於一個夢——有一天我夢見我下了地獄，判官正在論我的一生功過。

在我面前有個天秤，左邊是我的過，右邊是我的功。左邊走來數十個鬼差，搬出許多箱子，裡面滿滿的卷宗，每一個卷宗就是我做過的一件壞事——我承認我這輩子做過不少壞事。

箱子一放上去，天秤往左邊傾斜下去。

該論功了。往右一看，我心涼了半截；只有一個鬼差拿著一只箱子；從他輕盈的步伐可以看出，箱子裡似乎沒裝什麼東西。但是，當他將那箱子放上天秤右邊時，「碰」的一聲，那個箱子竟然壓著天秤往右邊重重落下，撞擊地面，揚起一片塵土。

不只是我，連判官都露出了驚訝的神情。他打開箱子看了一下，恍然大悟地說：「原來如此、原來如此。」然後他看著我，並嘉許地點點頭：「你救了不少人，要繼續努力下去啊。」

我感到很困惑，於是往箱子一瞥，看見箱子裡面裝著：

《傻瓜也會寫論文》

《傻瓜也會跑統計 I》《傻瓜也會跑統計 II》

《給少年社會科學家》

然後我就醒來了。那句「你救了不少人，要繼續努力下去啊」在腦海中迴盪不已。於是我立即著手《傻瓜也會寫論文》的改版寫作，希望能幫助更多的人……

以上只是搞笑。本書此次改版，主要是因應2020年APA格式第七版的改版，因此將書中和APA格式有關的內容，尤其是附錄一，作了相當程度的修改。《傻瓜也會寫論文》自2011年初版問世迄今，謝謝讀者及五南圖書出版公司對本書的支持；此次改版也謝謝黃文瓊副總編輯及李敏華編輯的協助。

最後我將此書獻給總是陪著我的可愛小狗，顏舒姬。

顏志龍

2021初　於銘傳龜山校區寒冬及COVID-19中

I

致謝（第二版）

　　多數的讀者可能很難想像，我年輕的時候，張學友的一張暢銷專輯「吻別」在臺灣賣了兩百萬張，如今能賣兩萬張的專輯就可以稱之為暢銷了。這個時代的唱片很難賣，書也是一樣；五南圖書出版公司願意為《傻瓜也會寫論文》發行第二版，讓我感到非常榮幸。本書從第一版乃至第二版的問世，特別要感謝陳念祖副總編輯，以及責任編輯李敏華小姐，有他們的協助才有這本書。

　　這一新版的主要更動是新增了三個和質化論文寫作有關的章節，希望能嘉惠更多學子；此外，我也在附錄中收錄了一些文章，陳述我對學術運作的看法，算是我個人想藉此書來傳達自己一些理念的嘗試。

　　第一版時，我將此書獻給當時剛過世的父親，如今我將第二版獻給總是第一個閱讀我的文章並給予意見的妻子，以及陪伴了我七年歲月卻讓我永遠想念的跳跳。

顏志龍

2014.12.31　於銘傳龜山

致謝（初版）

　　本書完成最大的功臣是我的學生們，他們給了我很多學習的機會，讓我在論文指導過程中獲益良多，因此得以寫下此書。在書中我借用了多位學生的論文作為寫作範例，每本我曾指導過學生的論文，都讓我覺得與有榮焉，感謝我的學生們在論文上的付出和努力。

　　最後謹以此書獻給未及見到它出版的父親　顏謙先生。

顏志龍

2011.8.12　於復興崗

序章：通往口試的十三道門

　　就讓我們乘著時光機，來到口試的那一天，一起感受這對你別具意義的重要時刻。

　　口試時，口試委員和被口試的學生通常不會坐在同一側，這種座位安排多少反映了彼此的相對關係；口委和學生之間有某種對立關係──儘管很多口委會說他是來協助學生的，要幫助學生提升論文品質，但這種委婉的說法並無法否定他作為論文最終「審判者」的本質；就像歌唱比賽中的評審，不論他評論時的出發點有多麼溫和善意，最後終究得打分數、決定是否淘汰。

　　如果口試委員和學生的座位反映出他們的相對關係，那麼指導教授選擇坐的位置，也多少反應出他自己和學生的相對關係。當你看到自己的指導教授和口委坐在同一側時，可能表示他是和口委站在同一邊的，帶著「打自己的孩子給外人看」的心情；如果他和你坐在一起，或是自己獨自坐一邊，表示他和學生是同一陣線，或至少是中立的，他可能是與你一起拿刀和口委對砍的戰友，也或許是在必要時才會丟出流星鏢的蒙面人。

　　口委桌前的蛋糕、水果和飲料，恰如其分地反映了口試場合中的權力結構。口委和學生之間的權力關係是極不對等的（學位在人家手上，你還想幹嘛？），在這種情況下，真理（如果你的論文中有的話……）也就會淹沒在這種不對等的權力關係中了。因此如果你的指導教授不適時跳出來幫你講講話，還三不五時在那邊幫著口委敲邊鼓（一邊吃著你準備的蛋糕，一邊說：「當初我就跟他說過了……」「我也覺得這個地方有問題……」），那對你來說的確是相當的晚景

（畢業前的）淒涼！

　　無論這過程是平順或慘烈，戰況如何驚心動魄，當口委最後說出：「恭喜你通過口試了」時，你心中那塊大石終於放下，整個人輕鬆了下來。你覺得開心，但也百感交集，然後就像很多經歷過瀕死經驗的人所說的那樣，這兩三年來所有的甘苦回憶，如同投影片般一幕幕從眼前掠過。回首這一切，你突然覺得有些迷惘：「我到底是怎麼走到這一天的？」你感覺自己做了很多事，卻又不知到底是怎麼一回事。

　　那麼，就讓我來告訴你，你做了哪些事，才得以站上論文口試這人生的小小巔峰。在這過程中，你開啟了通往口試的十三道門，也就是本書作為主體的十三個章節，從指導教授的選擇、文獻的閱讀、題目的決定、乃至於論文中各個章節的撰寫，直到最後你終於能在口試的舞臺上粉墨登場；你必須逐一地完成每一項試鍊。這旅程一開始讓人望而卻步，出發後有些崎嶇難行，但其實它可以更簡單。在大部分的情況下，學位論文寫作有固定的法則可循，理解這些法則可以幫助你更有效率地去建構論文。在某些情況下，學位論文寫作甚至有很固定的格式，只要依樣畫葫蘆，把你的素材填進去，就可以輕鬆地完成論文的撰寫。

　　本書有十三個主要章節，這是通往口試的十三把鑰匙。這些原則不只能讓你寫「完」論文，也能讓你寫「好」論文。看完這本書，口試結束時，你的口委不會說：「恭喜你通過口試了」，而是會說：「恭喜你『高分』通過口試了」，然後他可能會再補上一句：「咦，你論文寫得這麼好，想必你的書架上也有一本《傻瓜也會寫論文》！」

目　錄

指導教授的選擇

論文的誕生，並不是從你在鍵盤上打下第一個字開始的，而是從你選擇指導教授的那一天開始的。對研究生而言，就讀研究所期間最重要的人，不是家人、不是情人，甚至不是你自己，而是你的指導教授。指導教授就像研究生學業上的父母（雖然有不少像繼父和後母），指導教授如同研究生的天（雖然天偶爾會塌下來）。指導教授的選擇對研究生來說格外重要，它決定了你能不能畢業、多久畢業，以及是優雅的畢業或是連滾帶爬的畢業。

1.1　選擇指導教授的When：何時該開始找指導教授

什麼時候該開始找指導教授呢？有些學生急著在一考上研究所，還沒入學前就開始到處找，這是有很大風險的。不論你看了多少資料，問過多少人，沒有真正相處過就不能預想彼此是否契合，就像你不會只看一個人的外表，就決定和某個人結婚，也不會聽別人說說，就決定把一生託付給誰；同樣的，你也不應該在完全沒有和老師互動過的情況下，將學位和論文託付給他。因此，選擇指導教授的時間點並不是用物理式的時間（一學期？兩學期？）來決定的，而是用事件式的時間——有沒有足夠的互動經驗——來決定。只有在修過課或當過他的助理，有實際相處的經驗，真正感覺過彼此的互動頻率後，才適合把某個人當作指導教授的考慮對象。如果你是「血統純正」的研究生，大學在這個系念，直接升上了同一個系的研究所，自認為在大學時對老師已經有一定程度的理解了，因此一上研究所很快的決定找某個老師指導，那麼你可能有一些誤解；老師對大學生和對研究生的互動及要求，有時有很大的落差，以大學時期對老師的印象作為選擇指導教授的依據未必合適。因此，有沒有在研究所修過老師

的課、有沒有實際相處過的經驗，彼此互動過程中感覺如何，才是選擇指導教授比較合理的判準。

1.2　選擇指導教授的How：個性和思考風格是重點

「個性合不合」是選擇指導教授最重要的考慮。很多學生在選指導教授時，考慮老師的專長符不符合、跟著這個老師有沒有助理費可以領、將來畢業找工作時老師能不能幫上忙等等；但這些都是次要條件，個性合不合才是最重要的考慮。這有點像在找伴侶：對方長得很好看，但你們處不來，沒有用；對方家財萬貫，但你們處不來，也沒有用；對方很體貼賢慧，但你們處不來，還是沒有用。學術活動理論上應該是完全理性的，但有人的地方就有情感的流動，有情感流動的地方就是江湖，而江湖是險惡的。老師也是人，就算老師再怎麼偉大，努力想去做到有教無類，他終究還是會受到情感影響的凡人；如果他看你不順眼、不喜歡你，這些情緒感受很難不影響到他對你的指導，以及對你論文的判斷。個性合不合是選擇指導教授最重要的考慮。簡單來說，如果你有著楊過那種放蕩不羈的個性，就不應該拜一板一眼的郭大俠爲師；如果你是光芒耀眼的哈利・波特，千萬不要找個性陰沉的石內卜當老闆。

除了彼此的個性契合外，選指導教授的另一個重要考慮是思考風格的同質性；指導教授和學生的關係畢竟是建構在論文上的，因此在一起吃飯逛街的時間少，討論論文的時間多，如果彼此的思考無法對焦，聽不懂對方在講什麼，那會是很慘烈的事。要如何才能知道你和某個老師思考的方式是否契合呢？大概有幾個指標可以考慮：(1)你能很快地理解他所說的事情；(2)你覺得他講的東西都很有道理；

(3)你覺得自己再多念個幾年，應該也可以講出和他差不多的東西。如果你常常發現，老師講了一個他自覺很得意或很有趣的東西，但你卻完全不知道哪裡有趣時，這可能表示你們思考事情的方式非常不一樣；如果你找這樣的人當指導教授，應該會很淒慘。學生和指導教授之間的思考風格是否類似，對於論文能否順利進行有很大的影響，如果彼此不能理解對方爲什麼這樣想事情，論文會很難進行下去。因此，如果你自覺是個像郭靖一樣不太聰明的人，就不要找像黃蓉這種反應快的人當指導教授；信仰「劍宗」的令狐沖，要找同是「劍宗」的風清揚當師父，在「氣宗」的岳不群門下，他會過得很慘。

1.3 選擇指導教授的Who：
專長和名氣沒有想像中重要

　　老師的專長是什麼、熟悉的主題爲何，聽起來似乎是找指導教授時很重要的考慮，但卻是相對上較不重要的條件。有些人認爲選擇指導教授時，老師的專長對博士生來說是最重要的考慮，但未必如此。簡單來說，如果和老師合不來，思考方式不對盤，那麼不管老師的專長再怎麼符合你的需求，你要取得學位的過程也比較可能一波三折；如果你拿不到學位，那麼學不學得到東西，在現實中的意義也就不大了。況且，當你和老師在個性和思考上不合時，躲都來不及了，又如何能期望從老師身上學到你當初在乎的專業知識？對博士生如此，對碩士生更是如此。碩士論文是一種比較初階的學術作品，指導者所需要對論文主題的熟悉性，其實遠比想像中來得低；除非你所作的主題眞的太特別了，否則通常同一學科的大部分老師都有能力可以指導你。因此，老師的專長固然可以是選擇指導教授時的考慮，但相對來說，它其實沒那麼重要。

在選擇指導教授時，還有一個考慮條件是指導教授的年紀：「什麼！萬一我的論文還沒做完，老師就掛了怎麼辦？」我指的不是這個年紀，而是資深或資淺的問題。有些人會迷信呼風喚雨的大師或光芒萬丈的學術明星，當大師的學生很虛榮，但卻不切實際。對博士生而言，選擇在領域中孚有眾望的大師的確是可以考慮的，畢竟大師在思考很多研究議題上的深度，並非年輕學者所能比擬；而在現實中，大師所擁有的資源和影響力，也可讓未來有志走向學術之路的博士生事半功倍（如果你們最後沒有翻臉的話，是事半功倍；如果翻臉的話，就會是事倍功半），但這個考慮還是必須建立在你們彼此個性和思考風格契合的前提下。而對碩士生來說，以大師作為選擇指導教授的目標，就比較沒必要了；因為大師很忙，大概沒什麼時間管小小的碩士論文，所以能分給你的時間也很少，通常是把你託付給博士生；但博士生的能力良莠不齊，而且常常自顧不暇，於是你的論文能獲得的協助相對上就少了。相對於大師或忙碌的學術明星，資淺的學者，尤其是剛取得博士學位擔任教職的年輕學者，其實是很不錯的選擇。由於他們才剛開始收學生，指導學生對他們來說還算是新鮮事，因此會付出比較多的時間在學生身上；而由於師生之間年齡相近，因此距離感比較小，有可能形成亦師亦友的關係。所以成為某位老師門下的大師兄、大師姐，不只在名號上很嚇人，在實質上也有不少好處。

（1.4） 選擇指導教授的What：
老師在想什麼？

指導教授的選擇是一件權力不對等的事，畢竟僧多粥少 —— 老師的人數少，而研究生的人數多。因此，研究生常常處於擔心被老師拒

絕的莫名焦慮中，要對老師說出：「我想當你的學生」，就像要對心儀對象說出：「請你以結婚爲前提和我交往」一樣，難免怕會被拒絕。學生是這樣的心情，那麼老師呢？老師對收學生的態度又是如何？收學生對老師來說是件弔詭的事，是一種介於要和不要之間的兩難。絕大部分的老師都不喜歡指導學生：要把一個完全不懂學術研究的學生，教到能寫出一本像樣的論文，實在是件非常耗費心力和時間的事（好在，本書誕生了⋯⋯）。從現實面來說，老師能從指導學生中獲得的實質好處非常少，只有幾千塊的指導費，以及教師節的小卡片和幾句感謝的話（也有可能是幾句三字經）。因此客觀來說，老師們都不太喜歡收學生，能躲就躲、能逃就逃，最好一輩子都不要指導論文，落得一身輕。但另一方面，老師在心理上卻是需要學生的；如果年年乏人問津，甚至學生避之唯恐不及，老師也會覺得受到打擊：我做錯了什麼？是我教得不好嗎？我那麼不討人喜歡嗎？因此，當有很多學生舉手搶著大喊：「選我、選我、選我」時，對老師來說是一種肯定，多少滿足了一些虛榮心；當老師在抱怨「每年都一堆學生要找我指導，好煩啊」的同時，心中多少還是有一種被學生肯定的喜悅。所以，只要你很確定想找某個老師，就不要想太多，不管有多少人搶著要，你要有「雖千萬人吾往矣」的決心，不要怕被拒絕，去談就有機會；即使被拒絕了也不是什麼壞事，老師會因此知道你是欣賞他的，這對你們的關係來說也是件好事。

　　雖然大部分的情況是學生找老師，但有時也可能倒過來，某個老師對你很有興趣；有時不是你主動想選某個老師，而是老師看上了你，頻頻暗示你要選他。這種情形通常有一部分是學生的誤解或過度詮釋：老師其實沒那麼喜歡你，你會錯意的可能性滿高的。老師當然有可能喜歡某些學生，希望他能進入自己門下；但這種期望多半並不強烈，老師的心情通常是：「我覺得這學生不錯，如果找我當指導教授，我會喜歡，但是他沒來找我，也無所謂。」因此，即使你感覺某個老師希望你成爲他的學生，也不必過度詮釋；學生會強烈地想成爲某人的學生，但老師並不會渴望地想收某個學生。此外，就算某個

老師真的很想收你，你也不必有必須找他指導的壓力。你不會因為「不好意思」、「怕得罪人」而和某個人結婚，因為你知道結婚這件事茲事體大，關係到你一輩子的幸福，「不好意思」、「怕得罪人」不能作為結婚與否的決定條件。同樣的，指導教授對研究生來說很重要，「不好意思」、「怕得罪人」不宜作為選擇指導教授的考慮因素，決定的要素在於前面說的：個性和思考風格的契合性。

(1.5) 你在選人生最後一個老師

以上談的關於選擇指導教授的大原則，都有一個重要的前提：你有選擇的空間。有時當僧多粥少到一定的程度時，你其實也沒有太多選擇，只能「將就將就」了。如同本章一開始提到的，論文是從選擇指導教授之後開始的，因此愈晚選，論文起步就愈晚，當然畢業時間也會愈晚，因此也不宜東挑西撿拖太久。指導教授和你之間的關係是長久的；我們的一生中遇過無數個老師，有些你記憶深刻、偶爾會想起，有些則像路人甲、你對他沒什麼印象；指導教授絕對是刻骨銘心的那種，他通常是你人生最後一個正式的老師。選擇指導教授，是論文的第一步；在形式上，這個關係隨著論文最終版交出而結束，在心理上，這個關係會伴隨你一生。

CHAPTER 2

論文主題的形成與文獻閱讀

寫論文的過程中，最辛苦的是哪一部分？是寫文獻探討、寫研究方法、還是寫研究結果？都不是，寫論文過程中最辛苦的是「沒得寫」的時候。當你連自己要寫什麼都不知道，只能眼睜睜地看著時間一天天流逝，畢業日期一天天逼近時，心中可能是焦躁而難耐的。那種感覺就像旅人在沙漠中迷了路，明知身上的飲水一天天在減少，卻始終摸不著方向，不知綠洲在哪裡。對一個研究新手而言，論文題目的產生很不容易，它是攻讀學位過程中，旁人最愛莫能助之處。本章雖沒辦法給你一個論文題目，但希望提供一些有助於你形成論文主題的方法。

2.1 論文主題來自何方：「現象」、「文獻」、「理論」

在科學史上，有一些著名的「夢」，這些夢成就了偉大的科學成就。其中一個例子，是化學週期表的誕生。1869年時，俄國化學家門捷列夫（D. Mendeleev）在苦思一個問題：如何能用一種系統化的方式，把各種化學元素進行分門別類？雖然他是俄國人，但在思考這個問題時也不免俗地去問了中國的周公，他作了一個夢；夢到一張表，有許多化學元素一個個落下，估計這可能是史上第一個「俄羅斯」方塊遊戲；這些化學元素紛紛掉在適合的格子中，格子內各種元素的性質隨原子序呈現規律的排列，於是化學史上的重要發現「週期表」就此誕生了。如果你上輩子有燒好香，或是上帝有眷顧你，或許祂也會像這樣在夢中給你一個好的論文題目，但這種機會畢竟可遇而不可求；事實上，門捷列夫的成就並不是上帝白白給的，在那驚世之夢之前，門捷列夫已經苦思同樣的問題十數年了，上帝只是扶了他一

把而已。

　　既然你不能期望自己夢到論文主題，那麼就只能面對現實了，上帝沒有把論文題目放在你的夢中，但祂把它們藏在三個地方：「現象」、「文獻」和「理論」之中，等著你去發現。「現象」，就是你的生活經驗，或許你和情人互動時想到了什麼，或許你看到教授罵人時靈光一閃，又或者過去記憶中的某個片段讓你耿耿於懷，生命中有很多事情讓你感興趣，它們可能就是你論文主題的來源。「文獻」，就是上課時老師無情地指派給你的那些閱讀教材，或是你主動地（雖然研究生通常不會這樣做）讀了什麼論文，裡面寫了某些東西讓你很有感覺，這也可能是論文主題的來源。「理論」，就是直接以某些理論為基礎去形成論文題目。「現象」、「文獻」和「理論」，是論文主題的三個主要來源。

　　如果要問：「現象」、「文獻」和「理論」，哪一個比較有可能讓你形成論文題目？很多人會以為是「現象」，認為從現象中找題目似乎比較簡單；由於是自己的生活經驗，不是冷冰冰的文獻和理論，好像比較能讓人找到感興趣的題目；再加上從「文獻」和「理論」找題目，都表示你必須讀文獻而不能只是空想，在研究所的日子裡，文獻就是惡魔的代名詞，如果能從生活經驗中就找到論文題目，誰還想藉由讀文獻來找到論文題目？因此，研究生常常花了很多時間在現象中尋找論文題目。然而，以上想法是一種誤解，其實從現象中要找到論文題目是最難的，為什麼呢？因為現象通常是很複雜的，在觀察現象時要能看出隱藏在它背後的東西非常不容易，你有很高的機率會迷失在現象中，而無法形成具體可行的論文主題。例如，如果有個朋友說：

　　　　「我父親有四個小孩，我排行第二，最近父親生病住院了，每天我都有去探視他。本來我今天也要去看他的，但是因為預訂要去開個會，所以就打消了去看他

的念頭，我心想一天沒去看他應該也還好。坐車去開會的路上，我忍不住想，如果今天是我太太生病住院，我可能會把會議推掉去醫院看我太太，為什麼如果對象是我的伴侶，我的決定就會不一樣呢？一天不去看父親，似乎並不是件太奇怪的事；但如果對象換成是自己的伴侶，即使只是一天沒去探視，好像也是件很奇怪的事，為什麼呢？」

　　如果你對以上這個現象產生了興趣，覺得或許可以從中找到論文題目，那麼你看到了什麼？你能從這個現象中找到一個可行的論文主題嗎？這現象中的確隱藏了某些值得研究的要素，但要能看出來很不容易，因為現象常常是複雜的，很多訊息混雜在一起影響了你的思考和判斷，讓你不容易從現象中形成清晰的研究問題。因此，要從現象中形成研究主題，其實比想像中來得難。反之，從「文獻」中形成研究問題，相對上比較簡單，因為文獻寫的東西是經過進一步萃取的，別人已經幫你先去掉了一些現象中的雜訊了，既然經過了初步的整理，要從文獻中擷取出可以作為論文主題的想法，就比較簡單了；同理，從「理論」中產生研究問題更直接，因為理論是把相同主題的文獻作統整，它的雜訊更少，要從理論中產生研究想法就更為容易。因此，雖然直覺上我們會以為從「現象」中產生研究想法比較容易，實則相反：從「理論」產生想法最容易，其次是從「文獻」產生想法，最難的是從「現象」中產生研究想法。

　　從「現象」產生研究想法不只是最難的，在未來論文寫作上也是最辛苦的。因為通常論文的第二章是〈文獻探討〉，你未來要花不少篇幅來寫文獻探討，因此，你不能只是在論文中描述你的個人興趣和經驗，你還必須從文獻的角度來談你感興趣的現象，也就是說從「現象」產生研究想法之後，你必須想辦法去找到能描述這個現象的文獻，但是對大部分的研究生來說，這是件不容易的事。以「父親住

院探視」爲例，如果你從中產生了一些研究想法，那麼這些想法和哪一類的研究文獻有關？你要如何把這個現象和過去研究文獻作結合以形成〈文獻探討〉？你可以想像這是個頗有難度的工作，尤其是對文獻涉獵並不多的研究生來說更是不容易。然而，如果你一開始就是從「文獻」出發去思考論文題目，未來在寫論文就少了一個步驟；因爲你的想法本來就是來自於文獻，用文獻中的關鍵字，要找到同一主題的其他文獻並不難，你不必花工夫去思考你感興趣的現象和哪些文獻有關。而如果當初是從「理論」產生研究想法就更省事了，因爲理論是對文獻的統合，如果你的研究想法來自於某個理論，只要鎖定和這個理論有關的文獻，就可以讓你輕鬆寫完論文第二章〈文獻探討〉中大部分的內容。

　　所以，雖然上帝把論文題目藏在「現象」、「文獻」和「理論」三者之中，但不論從研究想法產生的容易度，或是未來論文寫作的方便性，黃金總在「理論」中，白銀藏在「文獻」裡，而埋在「現象」下的通常是青銅。如果你是個研究新手，那麼應該盡可能從「理論」或「文獻」著手去思考你的研究問題，從「現象」去產生研究題目你會比較辛苦。以上這個法則純粹是針對研究新手而言，如果你自認爲具有很好的思考能力，對自己的研究能力很有信心，那麼其實不論「現象」、「文獻」或「理論」中都埋藏著黃金；這種俯拾之間皆能點石成金的能力，就是以下要談的「變項式思考」的能力。

(2.2) 問題意識的形成：變項式思考

　　「問題意識」是論文的起步，指的是你很清楚知道自己的論文要回答什麼研究問題。這聽起來是再簡單不過的事了，誰會不知道自己想回答什麼問題呢？但是問題意識不清楚，卻是很多研究生共同的問題。你要注意看，本段的第一句話是：「問題意識……指的是你很

清楚知道自己的論文要回答什麼『研究』問題」，在這句子中「研究」二字是重點。千萬不要以為你問了一個問題，就叫有問題意識了；如果有提出問題就叫作問題意識的話，那你在日常生活中所說的一些話：「你好嗎？」「吃飯了沒？」「還在躲指導教授啊？」就都可以拿來作為論文主題了，但顯然並非如此。問題意識，指的不是任何形式的提問，而是必須提出一個可以被研究回答的問題。所謂可以被研究回答的問題，意思是這個問題必須非常清晰。例如前面舉的「父親住院探視」例子：「……一天不去看父親，似乎並不是件太奇怪的事；但如果對象換成是自己的伴侶，即使只是一天沒去探視，好像也是件很奇怪的事，為什麼呢？」此時你問了一個問題，但是這並不叫問題意識，你仔細重看一次上面那段話，會發現它其實很模糊；如果有人問：「那麼你的研究問題是什麼？」你會發現自己除了不斷地重複上面那段話之外，講不出很具體的東西。如果你只想到這邊就停住了，那麼你不可能產生一個能用研究加以回答的問題；很多研究新手之所以無法順利產生研究問題，就是因為思考停留在某個點，以為那就是研究問題了，其實那不是研究問題，上面那段話只是個思考的起點。那麼，要如何思考才能形成合理的問題意識呢？重點在於你必須用「變項式」的方式去解讀你思考的內容。此種變項式思考，包含兩個步驟：

一、辨識出變項

　　什麼是變項（variables）呢？凡是會變動的事物，都可稱之為變項。例如「性別」，這世上至少有男、女兩種性別，所以性別是會變動的，它是變項。大學的「年級」有一、二、三、四年級，年級是會變動的，所以它也是變項。「快樂程度」，有的人快樂、有的人不快樂，因此「快樂程度」是會變動的，它也是變項。把你思考內容中的變項找出來，才有可能形成清晰的研究問題。現在你可以回頭去翻看前面那個「父親住院探視」例子（不要看接下來的答案），在裡面有

哪些變項呢？

> 「我父親有四個小孩，我排行第二，最近父親生病
> 住院了，每天我都有去探視他……一天不去看父親，似
> 乎並不是件太奇怪的事；但如果對象換成是自己的伴
> 侶，即使只是一天沒去探視，好像也是件很奇怪的事，
> 為什麼呢？」

　　為了節省篇幅，上面只摘述了「父親住院探視」例子的一小段，但你可以看到裡面包含了許多變項（底線處）：「孩子數」可以從零到非常多個孩子，「排行」可能是老大、老二、老么、獨生子女等等，「發生的事」可能是住院或其他的事，「去醫院的頻率」可能是每天去、幾天去一次或從來不去，「生病者」可能是父親、母親、伴侶或其他人；光是短短的幾行字，就包含了那麼多變項。這就是之前提到的，要從現象中產生研究問題並不容易，因為現象中有太多資訊混雜在一起，除非你能很清晰地把它們都辨識出來，否則常常會迷失在這些資訊中。

　　「我父親有四個小孩，我排行第二，最近父親生病住院了，每天我都有去探視他……一天不去看父親，似乎並不是件太奇怪的事；但如果對象換成是自己的伴侶，即使只是一天沒去探視，好像也是件很奇怪的事，為什麼呢？」在上述思考中，你以為你只問了一個問題，但其實你問了不只一個問題，因為任何一個變項都可以形成一個研究問題。例如子女數是一個變項，這父親有四個子女，如果他只有一個子女，狀況會不會不一樣？當事人排行第二，如果他排行是老大或是獨子，狀況會不會不一樣？比較對象是伴侶，如果比較對象是母親，結果會不會有所不同？以此類推，你可以根據每一個變項逐一作思考，在思考過程中，你會發現研究問題似乎變得比較具體一些了，這表示你正從思考的起點，前往形成問題意識的路

上。因此把你思考中的變項找出來，根據這些變項持續下去思考，你就有可能形成一個可行的研究問題。

二、篩選變項

變項式思考的第二步，是要篩選出你所關注的變項。當辨視出自己思考內容中的變項之後，你要逐一去檢視：在這些變項中，有哪些是你所在意的？而哪些變項只是干擾你思考的雜訊？在這複雜的思考內容中，你關心的到底是什麼？然後你將無關的變項剔除，再對剩下的變項進行思考，此時，你需要注意的事情就變少了，也就比較有機會形成論文主題。例如你發現在這些變項中，你最在意兩件事：「子女數多寡」和「生病的人是父親或伴侶」，於是你把其他變項放到一邊，然後仔細思考：「子女數多寡」和「生病的人是父親或伴侶」這兩個變項之間有什麼共通之處呢？你可能會發現「有多少人可以分擔照顧責任」似乎是個關鍵。就「子女數多寡」而言，當子女多時，就有更多人可以共同分擔照顧的責任；而就「生病的人是父親或伴侶」而言，當生病的人是父親時，子女共同分擔了照顧的責任，但當生病者是伴侶時，只有一個人（生病者的伴侶）獨立承擔了照顧的責任；因此你發現「子女數多寡」和「生病的人是父親或伴侶」，似乎都和「有多少人可以分擔照顧責任」有關，也就是說，「……一天不去看父親，似乎並不是件太奇怪的事；但如果對象換成是自己的伴侶，即使只是一天沒去探視，好像也是件很奇怪的事」，這個現象背後的原因，有可能是因為責任擴散（responsibility diffusion）的關係。當有很多人共同分擔了照顧責任時（如子女對父母），偶爾不去醫院探視也不至於有罪惡感，但當獨自一人承擔了照顧責任時（如丈夫對妻子），即使只是一天沒去探病，也會覺得不太對勁。因此你的研究問題就愈來愈具體了，這研究問題可能是：「病人子女數與醫院探視頻率的關係」，或「責任擴散對孝順行為之影響」等等，此時問題意識才真正形成。你仔細看看這最後的研究問

題，是不是比之前清楚很多？而這樣的問題意識，就是來自於變項式思考的結果，也就是去解讀出複雜的思考內容中包含了哪些變項，然後去蕪存菁後，進一步思考的結果。

　　不論你是從「現象」、「文獻」或「理論」作為論文思考的出發點，「變項式思考」都對於形成問題意識非常有幫助。但上述的思考過程並不容易，對研究新手來說，可能無法作出如此有效的思考，因此最好能輔以工具來協助思考；要輔以什麼高科技或昂貴的工具嗎？不用，紙和筆就夠了。把你思考的內容寫下來是很重要的，這有利於你逐一去檢視自己思考內容中包含哪些變項，以及哪些變項是重要的，而哪些只是雜訊；如果只是放在腦中想，通常會愈想愈亂，你的思考會很容易卡住，而無法形成真正的問題意識。如果你不只能寫下來，甚至能做到思考的「圖像化」，對於形成研究問題會更有利。圖像化的思考不只有助於判斷你的研究可不可行，甚至可以判斷你的研究是不是一個好的研究。關於研究問題的圖像化，在本書〈研究架構圖〉那一章中有詳細說明。

⑵.3 有效率的文獻閱讀

　　在我攻讀博士時，曾經有一段時間，每天泡在圖書館裡翻閱期刊，不厭其煩地翻看每一篇論文。並不是因為我很用功，而是因為我不知道自己的博士論文要寫什麼主題，因此希望這些期刊論文能帶給我一些靈感。閱讀文獻是找到研究主題的重要法門；前面提到，不論你是從「現象」、「文獻」或「理論」中找到研究想法，最終都得回到文獻的閱讀；文獻的閱讀是論文寫作無法逃脫的宿命。但要讀什麼、該怎麼讀，才能讓你順利產生論文題目？這是一門大學問。老師讀文獻的速度通常很快，因為這是他們吃飯的傢伙，可能半小時、一小時就可以讀完一篇論文；但對很多研究生來說，讀一篇文獻卻是了

不得的大事，可能要先齋戒沐浴、捻花焚香，然後正襟危坐才有辦法讀；有時痛苦地讀完之後卻還不知道在講什麼。因此，讀文獻對研究生來說是成本頗高的事情，讀了半天卻讀到一篇爛論文或沒有用的文獻，是非常划不來的。如何用對的方法讀對的文獻，對研究生來說很重要。以下就從「讀什麼」和「怎麼讀」兩個方向來談這件事。

一、讀什麼文獻？

　　該讀什麼樣的文獻，才能讓你產生研究的想法呢？一個最快速有效的方法是看「論文摘要」。例如以「父親住院探視」為例，如果你覺得你關心的研究主題是「責任擴散」，那麼你就可以用「責任擴散」這個關鍵字輸入資料庫作搜尋，然後把和這個主題有關的所有文獻「摘要」從重到尾好好看一次，這可以讓你對這個研究主題的大致現況，有初步的理解。

　　這邊值得注意的是，當你輸入關鍵字搜尋後，大部分的資料庫習慣把文獻由新到舊列出，在發表時間上比較近的文獻會在搜尋結果的第一頁，而最舊的文獻會在最後一頁。但是在閱讀摘要時，你不應該從最新的開始讀，反而要倒過來從最舊的開始讀，例如這個主題最早的文獻出現在1960年，那麼你就從1960年開始往現代讀，這樣你才能形成對這個主題的一種「歷史性」理解：這主題最早是誰提出來的？為什麼提出來？後來研究是怎麼發展的？有沒有什麼爭議或修正？最近大家對這主題關注的焦點是什麼？從舊文獻讀到新文獻，會讓你對這個研究主題形成一種通盤的歷史性理解，這對於你掌握一個研究主題非常有幫助。因此閱讀文獻摘要時，不要從新到舊，而是要倒過來從舊到新去閱讀。通常利用資料庫的進階搜尋（advanced search），就可以設定讓文獻的呈現由舊到新。把某一個主題的文獻摘要從舊到新看過一遍，其實所花的時間不會很多，或許一個下午就可以讀完，但花這一點時間是非常划得來的。你只付出很少的代價，就可以對某一主題獲得通盤的理解，也有可能因此產生論文的研

究想法。

除了廣讀文獻摘要外，細讀某些回顧性（review）的文獻也可能讓你對某一研究主題有完整的理解。用「主題 + review」這樣的關鍵字組合，找到的文獻通常會對該主題作完整的介紹，這種文獻就是值得細讀的文獻。但我相信以上建議對大部分研究生幫助不大，因爲這類文獻通常是英文的；如果文獻對研究生來說是惡魔的代名詞，那麼英文文獻就是撒旦的化身，一般研究生對於讀英文的文獻都很排斥。那該怎麼辦呢？沒關係，有黑暗必有光明；別人的博士論文就是你寫論文時的曙光，它們是幫助你理解某一研究主題最好的朋友。如果你感興趣的主題曾經有人寫過博士論文，那就賺到了；因爲博士論文的要求較高，這種論文通常都經過千錘百鍊，受過七七四十九種劫難之後才得以問世，因此有一定的品質保證；而論文中多半會對其研究的主題作很徹底的文獻回顧，因此讀博士論文對理解一個研究主題很有幫助。

但博士論文數量畢竟少，如果你想作的主題沒有博士論文，怎麼辦？或許你堅持不肯和撒旦打交道，那就只能讀碩士論文了。其實藉由讀碩士論文來理解一個研究議題是非常危險的做法，因爲碩士論文的品質非常不穩定，雖不乏有不錯的作品，但品質不佳的比例也不低，讀到不好的論文對你理解某一主題不但沒有幫助，反而可能會誤導你的理解和思考，也無法讓你產生好的研究想法。如果你的論文想法大部分建基在別人的碩士論文上，那麼還沒開始作，就已經注定了你寫完論文後，可能會想去圖書館把它偷出來燒掉的命運了。因此，若不得已必須藉由別人的碩士論文來理解一個研究主題時，一定要經過篩選。怎麼篩選呢？其實也很簡單，就看看你的領域中，哪些學校是公認在研究上最強的，就挑那個學校的論文來讀就對了。因爲既然這學校是在你的領域中最被認可的，那麼它所出產的論文應該會有一定的品質；同理，全職研究生的論文品質可能又比在職專班的論文來得好一些。最後還有一個篩選方法，就是去看看那本論文最後的參考文獻，引用了多少其他碩士論文作爲參考文獻，引用愈多別人的

碩士論文，這本論文通常品質愈差。這個標準也適用在你自己未來的論文上，如果你的論文使用了很多別人的碩士論文作爲參考文獻，那也表示你論文的品質可能不太好。

總之，文獻的閱讀非常有助於讓你產生可行的論文想法，找個時間把自己感興趣的主題的論文摘要，從舊到新好好看過一遍，絕對划得來；而要細讀某些文獻時，回顧式的文獻和博士論文都會是不錯的選擇，至於碩士論文則要經過篩選，否則有時反而讀得愈多，受害愈深。最後，本書的附錄四提供了關於文獻檢索的重要觀念和具體操作方法，應該會對你很有幫助，請務必要閱讀。

二、怎麼讀文獻？

「怎麼讀文獻」，看到這個迷人的標題時，你可能以爲接下來要教你閱讀英文論文的各種祕訣了，心想著這本書總算沒有白買。但很抱歉，你要失望了；不是我不願意寫，而是世界上沒有這種事。武俠小說的主角們都有一個共同特徵，有些奇奇怪怪的事發生在他們身上，於是別人要練二十年的武功，他們只花幾天、甚至幾個時辰就練成了；雖然這種際遇令人欽羨，但在讀論文這件事上並沒有這種速成法。讀英文文獻的速度受到你的內功──語文能力和知識廣度──的影響，而這些內功是無法速成的，只有不斷閱讀再閱讀，才能練到讀論文像在讀小說一樣的境界。

儘管閱讀論文的能力並沒有捷徑，但要從論文中找到研究主題卻是有訣竅的；一般最常被提到的是每篇論文的最後都會寫「研究限制與建議」，可以從中看看有什麼作者建議未來可以做的東西。這是一個可考慮的方向，但也必須小心，作者講的不一定是對的，因此循他們的建議去思考未必是好事；再者，如果這些建議是可行的，爲什麼作者自己不去做，要放在那邊讓別人去做？因此，很多論文對未來研究的建議未必可行。

想要從閱讀文獻中找到研究主題，必須養成良好的閱讀習慣──

「目的性」的閱讀習慣。你去想像，有天你當了爸爸或媽媽，你女兒帶了一個男同事來家裡，他們只是很普通的朋友，你會怎麼和他互動呢？你可能會很熱情的接待他、和他話話家常等等，言談之間不會有太多其他心思。但是如果你女兒帶回來的是她的男朋友呢？你的互動一定會變得不太一樣，你和他互動時絕不會只是在純聊天，你會帶著某種「目的性」在觀察他，希望多瞭解這個人；他是個怎樣的人？值不值得信任？女兒能託付給這個人嗎？這就是一種「目的性」。有時候研究生由於閱讀論文的能力不足，讀起來很吃力，因此把所有的力氣都放在理解上，整個人陷入了閱讀之中，卻完全忘記了自己為什麼要閱讀論文。這就像明明女兒帶回來的是男朋友，你卻把自己當作純粹的「伯父伯母」，而忘了你必須以未來的「岳父岳母」的角度去理解這個人。

　　仔細想想你為什麼要花時間讀論文？絕不是出於興趣或打發時間，也不會只是為了「理解」，你是為了要能寫出論文而讀的。既然如此，你就一定要時時刻刻提醒自己這種閱讀的目的性，要一直去想到：「這和我的論文有什麼關係？」在讀完一篇論文後，你自問：這研究有沒有讓我產生什麼研究想法？如果答案是沒有，那可能表示你的閱讀習慣不太正確，你「忘了」去思考了。一篇文獻說了那麼多東西，提出那麼多觀點，卻無法讓閱讀者產生任何想法，這不是一件很奇怪的事嗎？原因就在於研究生常常過度地投入去理解文獻內容，迷失在文字之中，而忘了要思考「這和我的論文有什麼關係？」這個問題了。因此，閱讀論文時不要拚命地想要理解，而是要拚命地想要思考，要常常提醒自己跳出論文之外來思考。如果沒有思考，即使你能完全理解一篇文獻又如何？你能記得幾天而不忘記這篇文獻呢？「這和我的論文有什麼關係？」「這和我的論文有什麼關係？」……你要一直帶著這樣的目的性去閱讀論文，否則你的閱讀是沒有意義的。

　　最後，若能有系統地把閱讀過相同主題的論文作一些整理，會非常有利於你對這個主題的理解，並形成論文主題。例如表2-1是以

「溝通恐懼」（communication apprehension）這個主題為例所作的整理；當你把閱讀過的文獻填入類似表2-1的格式中時，你會比較容易對這個主題的研究現況有所理解，也有可能因此產生可行的研究想法。此外，閱讀時也應該養成把閱讀內容摘述成筆記的習慣，這對未來寫文獻探討會有非常大的幫助；這一部分，在本書〈文獻探討的撰寫〉那一章中會有進一步描述。

表2-1[i]

研究者	Daly & McCroskey (1975)	Chesebro et at. (1992)	Frymier (1993)
主要變項定義	人們害怕與他人溝通的程度	人們害怕與他人溝通的程度	人們害怕與他人溝通的程度
測量工具	PRCA	PRCA-24 SPCC	PRCA-24
自變項	溝通恐懼		溝通恐懼
中介／調節變項			老師的立即性
依變項	職業選擇	溝通恐懼 溝通能力	學生的學習動機
受試對象	196名研究所學生	2,793名中輟生	298名研究所學生
研究方法	相關法	相關法（縱貫研究）	相關法
主要研究結果	CA愈高的學生，傾向喜好低溝通行為的職業，反之亦然。	中輟生的溝通恐懼高於一般的學生，溝通能力比一般學生低。	1.CA愈高，學生的學習動機愈低。 2.老師的立即性愈高，CA愈高的學生，學習動機愈高。

---

[i] 修改自趙舒禾（2002）。*溝通恐懼與績效評估間關係之研究——以政戰學校學生為例*（未出版之碩士論文）。國防大學。

(2.4) 繼承家業、呼朋引伴

　　以上講的一些如何產生論文主題的方法，包含變項式思考、文獻閱讀等，這都算是「正規」做法，如果這些正規做法對你來說太麻煩，也有一些其他方法可以讓你決定論文主題。一個大絕招就是「繼承家業」，做和你指導教授相同的主題就對了。你去把指導教授的研究讀一讀，看看他做了些什麼；再者，你也可以去讀已經畢業的那些同門師兄姐們的論文，看看他們做了些什麼，然後就做和他們一樣的主題。撇開你自己的興趣不談，做老師感興趣的主題有很多實質好處。首先，既然是老師感興趣的主題，他對你的論文可能會付出比較多的心思，你可以得到比較多的協助和關心。其次，由於是老師感興趣的主題，那麼他對這一個主題的熟悉度可能比較高，因此能給你比較多指導，做起論文來會比較輕鬆。

　　如果不想「繼承家業」，那麼「呼朋引伴」，同門之間做相同主題也是不錯的策略。例如，如果你的老師目前手上有四個學生，大家就相約一起做同一個主題的論文。這樣有很大的好處，由於大家做的是相同主題，因此在文獻的使用上、研究工具的運用上、乃至於遇到困難時，都可以相互協助、互通有無，做論文時會比較順利，而在論文寫作的路上也比較不會那麼孤單。因此，同門之間做相同主題也可以作為選擇論文題目的考慮。

　　最後，隨時記錄下自己的想法也是重要的。本章一開始就提到：要產生一個可行的研究想法並不容易，有時研究想法可能來自於你意想不到的地方。門捷列夫之所以發現了週期表，是因為他苦思這個問題多年後靈光一現的結果；同樣的，在你苦思自己論文要做什麼的過程中會產生很多想法，你未必能當下判斷出這些想法可不可行。不管你覺得這些想法是否合理、如何荒謬，寫下來就對了。有空時再回頭看看這些想法，或許你會發現那尋覓不著的論文主題，原來隱身在最荒誕不經的想法中。

2.5 本章摘述

　　對科學研究來說，如何產生一個好的問題，遠比能否正確回答一個問題來得重要；如果一個問題是無聊的問題，即便你能回答它又如何？如果一個問題是好問題，即使你沒有成功地回答這個問題，在你之後必然會有人再努力嘗試去回答它。對一本學位論文來說亦然，能否提出一個好的研究問題是非常重要的，這個起步就像作曲家譜下的第一個音符，就已決定了這曲子未來的樣子。本章提出了一些協助你產生論文研究問題的方法，包含：

一、研究問題可能來自「現象」、「文獻」和「理論」，不論就研究主題產生的容易度、論文寫作的方便性，從理論產生研究想法都是比較好的策略，文獻次之，現象則再其次。

二、「變項式思考」是產生論文主題的重要思考模式。「變項式思考」包含兩個主要步驟：(1)辨視出思考內容中包含哪些變項；(2)保留感興趣的變項、刪去其他變項，以作進一步的思考。

三、選擇好的文獻閱讀，對於產生論文想法是重要的，包含：(1)從年代遠而近地閱讀某一主題的所有文獻摘要；(2)閱讀回顧式的文獻或博士論文；(3)選擇性地閱讀品質好的碩士論文。

四、文獻的閱讀必須是帶有目的性的，閱讀時必須時刻帶著「這和我的論文有什麼關係？」的想法去對文獻作思考，要避免只是著重於理解。

五、選擇和指導教授相同的研究主題，或是同學之間做相同的研究主題，對於論文寫作有非常多好處。

CHAPTER 3

〈研究動機與目的〉的撰寫

3.1 社群的動機目的vs.個人的動機目的

3.2 「研究目的」寫在「起」和「合」

3.3 「研究動機」寫在「承」和「轉」

3.4 〈研究動機與目的〉不是老王賣瓜

3.5 〈研究動機與目的〉是〈文獻探討〉的簡潔版

3.6 本章摘述

論文的第一章通常叫〈緒論〉或〈研究動機與目的〉，內容就是談兩件事：(1)你為什麼要做這個研究（稱之為研究「動機」）；(2)這個研究回答了什麼問題（稱之為研究「目的」）。就研究生來說，「為什麼要做這個研究？」這問題的答案再清楚不過了：

> 「本研究的<u>動機</u>是因為研究者想畢業，但是又找不到什麼題目，就決定選這個比較簡單的題目。其<u>目的</u>在於讓研究者可以畢業……」

你大概沒有看過這種〈研究動機與目的〉真的出現在論文中，但這卻是大部分研究生的真正動機與目的。這凸顯出一件怪事：既然大部分的人寫論文都是為了要畢業，那麼為什麼沒有人把「我要畢業」這件事寫在〈研究動機與目的〉裡呢？本章將讓你更進一步理解〈研究動機與目的〉的意義，並且告訴你該如何撰寫它。

3.1 社群的動機目的vs.個人的動機目的

論文中所謂的〈研究動機與目的〉，指的並不是對作者本身而言的動機與目的，而是對整個學術社群而言的動機與目的──這本論文並不是你個人的論文，而是這個世界的論文。仔細想想，論文完成後會被送到國家圖書館保存，如果論文只是你個人的事，為什麼它必須被公開保存、甚至供人查閱？如果論文只是你個人的事，為什麼你不能去圖書館把它偷出來燒掉？因為論文的意義並非在於它完成了個人利益，在它背後有著學術社群知識分享的意涵；當論文送出去的那一刻，它就不再只是你個人的，而是屬於整個學術社群，甚或可以說是

屬於全人類的。所以，你不會看到上例中那種個人式的〈研究動機與目的〉出現在論文中，即使你寫這本論文的確只是爲了學位也不能這樣寫。就像雖然我寫這本書多少是爲了賺點錢養家糊口，但我很堅持，我出書眞正的動機與目的，是懷著一顆慈悲的心，爲了拯救正處於水深火熱中的研究生，以及那些因爲改研究生論文而睡不好的老師們。

　　簡而言之，論文的〈研究動機與目的〉，是對著讀者寫的，不是對著你自己寫的；〈研究動機與目的〉是要寫這本論文對現有的學術社群（而不是對你自己）來說有何意義。如果你想要寫論文對你自己個人的意義，那麼應該寫在「謝辭」中。

3.2　「研究目的」寫在「起」和「合」

　　「研究目的」指的是：這個研究回答了什麼問題。如果把〈研究動機與目的〉這一章區分成「起」、「承」、「轉」、「合」四個部分，通常研究目的會出現在「起」和「合」，也就是第一章的開頭和結尾。因此第一章的一開始會是：「本研究的目的，在於……」，而結尾則是「綜上所述，本研究的目的是……」。這表示「研究目的」會在第一章前後被重複提到兩次。以表3-1的論文爲例，其中仿宋體的部分表示論文內容，括弧〔〕內粗明體的敘述表示對此寫法的註解和說明。未來本書凡是要說明論文的書寫格式時，均是用此種方式表示。

表3-1[i]

〔第一章開始〕

第一章　緒論

　　本研究的主要目的，在於從認知、情感和行為三個層次，來探討領導者對內、外團體部屬的組間偏私（intergroup bias）現象。研究的主要核心議題為：（一）探討領導者對內、外團體部屬的「認知分化」、「情感分化」和「行為分化」三者間的關係。（二）探討領導者的個人特性是否會影響上述認知、情感和行為分化間的關係。（三）領導者公平與否是否會影響其整體領導效能。

……〔中間論述了幾頁之後〕……

　　因此，綜上所述，本研究主要探討下列三個問題：

一、領導者對內、外團體部屬之認知分化、情感分化和行為分化三者間關係如何？

二、領導者的個人特性（公平價值觀、認知需求）是否會調節認知、情感和行為分化三者之關係？

三、領導者公平與否（情感、行為分化）是否會影響其整體領導效能？

〔第一章結束〕

　　表3-1這個例子，就是在第一章一開始先直接寫出研究目的，然後加以論述；最後，在第一章結束前，再一次提醒讀者本研究之目的（見底線標示處）。

　　在第一章的結尾寫上研究目的，是比較沒爭議的，這可以讓讀者在看了好幾頁的論述之後，很清晰地理解這本論文的主旨，然後才開始讀下一章的〈文獻探討〉。至於第一章劈頭開始就寫出研究目

---

[i]　顏志龍（2005）。*領導者之認知分化、情感分化和行為分化之間的關係*（未出版之博士論文）。國立政治大學。

的，這種寫法就比較見仁見智了。有些人喜歡第一章開頭寫一些例子來凸顯主題的有趣，有些人喜歡一開始就強調自己的研究主題很重要，因此不一定會在一開始就直接寫出研究目的。一開頭就寫出研究目的並不是必要的要求，但是這種寫法有不少好處；它可以讓讀者一下子就很清楚知道你研究的主旨，然後帶著這樣的理解和架構去閱讀你接下來的文章。就像旅行社的導遊，如果導遊一開始就把一天的行程告訴旅客：「我們今天第一站是○○，第二站是××，接下來會在△△吃飯……」旅客會對一天的行程有個初步瞭解，並且帶著這樣的瞭解展開旅程；不管繞了多少路，他都會大致上知道自己現在正在哪裡、即將前往何方。如果導遊一開始只說：「我們今天會去一些有趣而重要的地方喔。」旅客對今天要做什麼完全無法形成概念，只能霧煞煞的跟著導遊走，大部分的時候他不容易知道自己在做什麼。因此，一開始就把研究目的直接寫出來，讀者在接下來的閱讀中，就可以依據他對研究目的的理解來解讀你的文章，比較不會迷失在你的論述之中。

　　不論「研究目的」只出現在第一章的結尾，或是同時出現於開頭和結尾，「條列式」的撰寫對於清晰地呈現研究目的有很大的幫助。前面提過「研究目的」指的是這個研究回答了什麼問題，而通常一篇學位論文不會只回答一個研究問題，以「條列式」而非「論述式」的方式來寫出多個研究目的，會讓人更理解你的研究想回答什麼問題。在表3-1中就可以很明顯地看出這個研究想回答（一）（二）（三）三個研究問題，這種呈現方式對讀者來說是比較容易理解的。

3.3　　「研究動機」寫在「承」和「轉」

　　前面談到，如果把論文第一章的結構區分為「起」、「承」、

「轉」、「合」四個部分，「研究目的」通常會出現在「起」和「合」，也就是第一段和最後一段，其他的部分就都是在談研究動機了。可見，雖然論文的第一章是寫研究「動機」與「目的」，但是其實大部分內容應該是在寫研究「動機」。研究動機指的是：你為什麼要做這個研究？前面說過，這個動機指的不是你個人的動機，讀者並不關心你是不是想畢業，或是你過去有什麼人生經歷使你對這個主題感興趣；他們關心的是，你怎麼從這個主題的研究現況，導引出你去從事這個研究的動機。以下這些例句可以讓你對「研究動機」要寫什麼有更清楚的理解：

> 「儘管過去關於此一議題之研究甚多，但研究者發現過去研究有以下幾點不足……」
> 「過去關於此一理論的研究，甚少探討到……因此本研究適可補足過去理論之不足……」
> 「本研究以○○○出發，去探討此一議題，以此種角度探討此一現象，具有以下優點……」

因此，寫「研究動機」的原則非常簡單，要寫三件事：(1)簡單回顧過去關於此一主題的現況；(2)說明過去研究有什麼不足；(3)你的研究如何能彌補他們的不足；這三件事就是你的研究動機。例如表3-2。

表3-2[ii]

就轉型、交易型領導的領導方式比較，過去研究顯示在工作滿意（Ngunia et al., 2006）、領導效能（涂志賢，2003）等議題的研究上，轉型領導比交易型領導預測效果要來得強；以目前實徵研究顯示，在各種績效變項上，轉型領導之預測力，似乎優於交易型領導〔**回顧過去關於此一主題的現況**〕；但是目前少有研究比較轉型、交易型領導和LMX之關係。目前LMX研究的議題多半只探討LMX對員工的滿意度（Erdogan & Enders, 2007; Graen et al., 1982）、工作表現（Erdogan & Enders, 2007）、組織公民行為（Ilies et al., 2007）等之影響。同時探討轉型領導、交易型領導與LMX關係的研究，僅有數篇（Dkk & Kuma, 2003; Howell & Hall-Merenda, 1999）〔**說明過去研究有什麼不足**〕。因此，本研究目的在於探究並比較不同領導風格（轉型、交易領導）如何影響領導者與部屬之間的關係。〔**你的研究如何能彌補他們的不足**〕

過去轉型領導也探討中介變項（mediator）對工作表現的影響，以LMX（鄭伯壎等人，2002; Wang et al., 2005）、工作特性（Piccolo & Colquitt, 2006）、團體潛力（potency）（Schaubroeck et al., 2007）等議題進行研究〔**回顧過去關於此一主題的現況**〕，然而卻少有研究探討轉型領導最重要的內在歷程：領導者對部屬價值觀的傳遞（Bass, 1985; Kuhenert & Lewis, 1987）〔**說明過去研究有什麼不足**〕。根據相似－吸引典範（similarity-attraction paradigm）的基本論點指出，人與人之間若在態度或個人特徵上具相似性，將易於相互吸引（Byrne, 1971）。Phillips和Bedeian（1994）亦發現領導者與部屬之間態度的相

[ii] 修改自：董文慧（2008）。*轉型領導與交易領導對於領導者與部屬交換關係之影響：價值觀相似性的中介效果及時間的調節效果*（未出版之碩士論文）。國防大學。

似性和領導者的交換關係呈現正相關。具體言之，本研究的第二個目的，是探討轉型領導是否會影響領導者與部屬間價值觀相似性，進而影響LMX，亦即價值觀相似性是否中介了轉型領導和LMX間關係。

〔你的研究如何能彌補他們的不足〕

　　在上例的兩段中，作者都對目前的研究現況先作了一些描述，然後指出它們的不足，最後提出他要做什麼來彌補這種不足。因此，寫研究動機的重點在於你因為看到了某些「不足」，所以決定做這個研究。上例中，作者認為過去的不足是有些東西被忽略了，沒人做過，所以他要做；這就是一本論文的研究動機。然而，這裡所謂「不足」的定義其實是更廣泛的，可以大到像是有理論爭議你要去解決它，小到像是有個小變項從來沒人做過所以你想做；只要你寫得出來，而且指導教授認可就行。

3.4　〈研究動機與目的〉不是老王賣瓜

　　有時研究生對於〈研究動機與目的〉有所誤解，以為要去寫一些這本論文對這個世界多有幫助之類的話，例如：「領導是影響組織效能的重要條件，因此本研究探討奇魅領導對部屬之影響，此對提升組織效能具有相當的重要性……」「如果我們能對此一議題有更深入的理解，那麼將更能提升學校教育的品質……」這些關於研究可能貢獻的論述，也可以作為〈研究動機與目的〉的一部分，但是如果把整個〈研究動機與目的〉劃分為十份的話，這種呼口號式的論述大概占個一、兩份就差不多了，其餘的八成還是應該要寫前面所說的那種學術性的〈研究動機與目的〉；要把重點放在探討過去研究現況如何？你發現了什麼不足？你的研究如何彌補此一不

足？畢竟這是一本學術論文，而不是大學聯考的作文，因此要從比較學術面來寫，不宜有太多主觀論述。我念碩士時做的論文主題是軍隊士氣，論文中寫道：「……士氣對軍隊來說很重要……」老師改論文時就問我：誰說士氣對軍隊很重要？我愣了一下，這不是常識嗎？但老師是對的，論文中一切都要有依據，沒有常識這一回事。〈研究動機與目的〉亦然，你可以少部分地談你自己主觀的經驗和看法，說一說你因為某些經驗而對此一主題感興趣，但它只能占非常小的篇幅，重點還是應該擺在前面說的：現有的研究有哪裡不足，促使你想做這個研究？

　　另一個不宜太過以「本研究對這世界很有幫助」的角度來書寫的原因，是因為這很明顯在自欺欺人。這世界上絕大部分的研究，不管是出自大師之手，或是研究生之作，都對世界的貢獻不高。你可以隨便去找一篇登在最高等級期刊的研究來看，然後想想：這篇論文對這世界有多大的貢獻？我想你應該會發現：任何一篇研究，對這世界的貢獻都不會很高。如果我的學生問我：「老師，你的論文對這世界有何貢獻？」答案可能會是我常拿來蓋泡麵，或是桌子不平時拿來墊桌腳。如果連最高等級的期刊論文或指導教授的嘔心瀝血之作，都對這世界貢獻很小了，你覺得你的論文對這世界的貢獻有多大呢？如果你的論文對這世界的貢獻相當有限，那麼就不應該在〈研究動機與目的〉中大書特書你的研究對世界的幫助。以前看一篇和軍事有關的論文，內容大致上是這樣寫：「……本研究有助於協助建構量小、質精、戰力強的現代化國軍勁旅……」我心中就想，如果這是真的，這本論文應該要放在某個金庫，派坦克車和重兵把守，這論文對臺灣太重要了，我們絕對不能失去它！但我們都知道，這些論述並不是真的，既然不是真的，就不應該寫進〈研究動機與目的〉。我的意思並不是說這類東西完全不能寫，但不能作為〈研究動機與目的〉的主體，同時在寫的時候必須更加客觀持平，不能言過其實。論文寫作是在訓練寫手的邏輯思維和客觀性，不是在訓練自賣自誇的能力。學術研究之所以對世界造成影響，並非單一研究成果造成，而是許多研

究成果的累積。就像長城是由無數磚石所砌成，我們只是其中一塊磚；你可以說你對於長城的矗立有些貢獻，但不能宣稱長城沒有你就會垮。

(3.5) 〈研究動機與目的〉是〈文獻探討〉的簡潔版

　　如果〈研究動機與目的〉的內容，都在談過去研究如何使你想做這個研究、你的研究如何對現有研究作出貢獻，那麼不會和〈文獻探討〉那一章有很多重疊嗎？沒錯，〈研究動機與目的〉會和〈文獻探討〉有很多重疊，而且這是正常的，因為〈研究動機與目的〉就是〈文獻探討〉的簡潔版。好的〈研究動機與目的〉的判斷標準很簡單，就是看完你的〈研究動機與目的〉之後，讀者就能對你的研究架構有一個很清晰的理解；看完〈研究動機與目的〉之後，讀者不需看你的文獻探討，也能知道你研究的重點是什麼、為什麼要做這個研究、假設推導背後的邏輯是什麼等等。所以，〈研究動機與目的〉就是〈文獻探討〉的簡潔版，而〈文獻探討〉則是把〈研究動機與目的〉說得更細緻、更完整。這種「簡潔版」和「完整版」之間的轉換，是藉由文獻的使用來達成的，如表3-3。

表3-3ⁱⁱⁱ

〔寫在〈研究動機與目的〉〕

　　有關轉型領導的研究，多年來已累積許多的證據顯示轉型領導對部屬的動機和表現會產生顯著的影響效果（如Bycio et al., 1995; Deluga, 1991; Meyer et al., 1990）。

〔寫在〈文獻探討〉〕

　　Bycio等人（1995）的研究結果指出轉型領導和部屬的工作表現、組織承諾呈現顯著正相關，而和「有意離開組織」呈現負相關。同時在工作滿意度方面亦有許多研究也呈現同樣的結果（如Deluga, 1988）。研究亦顯示轉型領導者會影響部屬續留於組織的意願（Meyer et al., 1990）。

　　從表3-3可見，在〈研究動機與目的〉中，作者使用了兩句話、三篇文獻（Bycio, Hackett, & Allen, 1995; Deluga, 1991; Meyer et al., 1990），來說明轉型領導的效果，這是所謂的「簡潔版」。但同樣的一個論點，在〈文獻探討〉中，作者做了兩件事來讓它更完整：(1)把原本〈研究動機與目的〉中沒說的細節說清楚；〈研究動機與目的〉中只說：轉型領導對部屬的動機和表現會產生顯著的影響效果；〈文獻探討〉中則進一步的說明了，這些影響包含：工作表現、工作滿意度、組織承諾及續留組織的意願。(2)本來在〈研究動機與目的〉中，被合併引用（在同一括弧內）的三篇文獻，在〈文獻探討〉中，每篇文獻都被獨立開來各自說明。這就是利用文獻的不同鋪陳來達成「簡潔版」（研究動機與目的）和「完整版」（文獻探討）之間的轉換的方法。

　　要特別注意的是，雖然〈研究動機與目的〉是〈文獻探討〉的簡

ⁱⁱⁱ 修改自：鄭瑩妮（2008）。*轉型領導對部屬工作投入之影響：情緒感染力之調節效果*（未出版之碩士論文）。國防大學。

潔版，兩者內容會有所重疊，但要盡可能避免它們有完全一模一樣的字句出現，也就是不要直接把〈研究動機與目的〉寫過的字句，原封不動地貼到〈文獻探討〉中；或是把〈文獻探討〉中的字句，一字不改地貼到〈研究動機與目的〉中。為什麼呢？原因其實很無聊，純粹是美感的問題。照理說你剪貼自己的文字並不算抄襲，而既然在講同樣的事，似乎也不必硬要用不同的文字去寫，但為什麼不能這樣做呢？因為大部分讀者並不喜歡這樣子，如果你問我不喜歡的理由是什麼，我也說不上來；所以我說這是一種美感的問題，而不是對錯的問題。試想你在讀一本武俠小說，如果男主角每次使出○○劍法時，作者就把一模一樣的文字給貼上去，這招式出現了五次，作者就貼了五次；你問說：怎麼每次○○劍法出現時的文字都一模一樣？作者回答說：因為是同一招啊！是沒錯，可是你一定會覺得怪怪的，也會覺得這本書好像有點遜。別人在看你的論文時也是如此，即使是相同的論點，如果你的論文任兩處有一模一樣的文字，就會降低一般人對你論文的評價和觀感。所以，即使是同樣的觀點，最好還是用不同文字去寫。附帶一提，論文的排版也會大幅地影響人們對你論文的觀感。本書附錄五提供了關於論文該如何排版的觀念和具體操作方法，請務必要閱讀。

(3.6) 本章摘述

雖說論文的第一章通常是〈研究動機與目的〉，但其實刻意地去區分「動機」和「目的」，在中文的邏輯上是有些怪的，因為「動機」和「目的」某種程度來說是同一件事。如果你問搶匪搶銀行的「動機」是什麼？他會回答：為了錢；然後你再問他，那你搶銀行的「目的」是什麼？他還是會回答：為了錢。同樣的，如果有人問你寫這本論文的「動機」是什麼？你會回答：為了畢業；如果他再問你寫

論文的「目的」是什麼？你還是會回答：為了畢業。因此研究「動機」與「目的」，其實有很大的一部分在講同一事件。在本章中，刻意地區分出研究「動機」與「目的」，只是為了方便你去理解論文第一章的結構。總之，如果研究「動機」指的是：你為什麼要做這個研究，而研究「目的」指的是：這個研究回答了什麼問題，那麼第一章的大致結構應該如下：

〔第一章開始〕
「本研究的主要目的，在於……」〔**研究目的**〕
簡單回顧過去關於此一主題的現況。
說出過去研究有什麼不足。〔**研究動機**〕
你的研究如何能彌補過去的不足。〔**研究動機**〕
「綜上所述，本研究的目的是……」〔**研究目的**〕
〔第一章結束〕

上述是最主要的架構，至於細節的部分，就必須依論文和個人風格而調整了。例如，也許你的研究有A、B兩個重點，此時你的架構就可能會是：

〔第一章開始〕
「本研究的主要目的，在於……」〔**研究目的**〕
簡單回顧過去關於A的現況。
說出過去關於A的研究有什麼不足。〔**研究動機**〕
你的研究如何能彌補過去的不足。〔**研究動機**〕
簡單回顧過去關於B的現況。
說出過去關於B的研究有什麼不足。〔**研究動機**〕
你的研究如何能彌補過去的不足。〔**研究動機**〕
「綜上所述，本研究的目的是……」〔**研究目的**〕
〔第一章結束〕

CHAPTER 4

〈文獻探討〉的撰寫

〈文獻探討〉常被視爲論文的主體，它通常是一本論文最扎實的部分；論文品質的好壞，很大的一部分是由〈文獻探討〉寫得如何所決定的。〈文獻探討〉也是很多研究生認爲最難寫的一章，這一方面是由於研究生對文獻的整理和書寫不熟悉，另一方面則帶有一些心理因素。就像旅行時，前往目的地的路程會覺得特別遙遠，而回程的距離雖然相同，卻感覺近很多。由於〈文獻探討〉寫完會帶給人一種論文主體已完成的錯覺，因此通往這個目標的過程就會感到特別艱難。事實上，〈文獻探討〉並非一本論文最難寫的部分，最難寫的部分在〈討論〉那一章，這我們後面會再談到。〈文獻探討〉的書寫比你想的簡單很多，只要熟悉以下所說的「架構填充」步驟，你會發現寫〈文獻探討〉其實並不難。

顧名思義，「架構填充」包含兩個主要步驟：「架構」和「填充」。

4.1 第一步「架構」：列出各節的名稱

除非你是天縱英才，或是經驗豐富的學者，否則寫論文不可能筆隨意走，或是想到哪兒寫到哪兒，而是必須有所規劃。其實，即使是一個很專業的寫作者，也無法在完全沒有規劃的狀況下書寫。例如一本小說，在第一集中有個人被殺了，你東猜西想不知道凶手是誰，直到作者寫了數十萬字之後，在第四集你才恍然大悟，原來凶手是那個意想不到的人。雖然一邊讀一邊猜凶手的過程帶給你不少樂趣，但小說的作者並不是一邊寫一邊想凶手是誰的，在寫出有人被殺時，他就已經決定了凶手是誰；在第一集的時候，作者就已經鋪下了第四集的梗，故事大致的架構在開始書寫時就已經確立了。這就是一種書寫結構的規劃，寫論文也必須作這樣的結構規劃。

因此，寫〈文獻探討〉的第一步，是先列出它的骨架，具體來說是做兩件事：(1)列出你打算寫幾節；(2)每一節的名稱是什麼，作為未來書寫的基礎。例如，若你的研究想探討A和B對C的影響，如圖4-1，那麼你的〈文獻探討〉各節名稱可能會如表4-1所示。

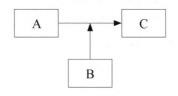

圖4-1　A和B對C的影響

表4-1
基本的〈文獻探討〉結構

第一節　A及其研究現況
第二節　A對C的影響
第三節　A、B對C的影響
第四節　研究焦點

為什麼圖4-1的研究架構，會形成表4-1的書寫架構呢？決定〈文獻探討〉的書寫架構時，有幾個重要的原則可以參考：

一、變項本身的「可寫性」如何

變項的「可寫性」，指的是這個變項有多少東西可以寫，以及有多少東西值得寫。例如以管理學的研究為例，如果你的研究變項是「組織公民行為」（organizational citizenship behavior），這指的是一種員工自發性的利組織行為；由於這是一個目前還很熱門的主題，因此有不少文獻在談它的概念、測量、爭議等等，所以它具有相

當的「可寫性」（有很多東西可以寫，且值得寫）。相對來說，如果你的研究變項是「工作滿意」，這是一個幾十年前就被徹底研究的變項，大家非常熟悉而且沒什爭議，你花很多篇幅去寫它，會讓人家覺得老生常談沒什麼意思，它的「可寫性」就比較低。這種「可寫性」可以作爲決定〈文獻探討〉結構的依據。

以表4-1的〈文獻探討〉結構來說，在表4-1中，你可以看到A的介紹自成一節（第一節），但B和C並沒有獨自成爲一節，這是因爲A有比較高的「可寫性」（有比較多東西可寫，且值得寫），而B和C的「可寫性」低（沒什麼東西可寫，或是不值得寫）。如果情形倒過來，C的「可寫性」高於A和B，那麼〈文獻探討〉的結構就要改成像表4-2那樣。

表4-2

基本的〈文獻探討〉結構（C的可寫性高）

第一節　C及其研究現況
第二節　A對C的影響
第三節　A、B對C的影響
第四節　研究焦點

由於C具「可寫性」，而A和B的「可寫性」低，所以C自成一節，A則沒有特別另闢一節。當然，也有可能A和C都具備很高的「可寫性」，你想兩個都寫，那麼你的〈文獻探討〉就要多一節了（如表4-3）。當然，也有可能A、B、C都具可寫性，那又會形成不同的書寫架構。

表4-3

基本的〈文獻探討〉結構（A、C均具可寫性）

第一節	<u>A</u>及其研究現況
第二節	<u>C</u>及其研究現況
第三節	A對C的影響
第四節	A、B對C的影響
第五節	研究焦點

二、由「由簡而繁」的架構原則

　　除了變項的「可寫性」外，決定〈文獻探討〉的書寫架構時的第二個原則，是「由簡而繁」的原則。〈文獻探討〉的標準書寫架構，是從簡單逐步走向複雜的過程。以表4-3的書寫架構來說：在第一節時只論述一個變項A，第二節也只論述一個變項C，第三節則論述了兩個變項（A對C的影響），第四節則更進一步論述了三個變項（A、B對C的影響）。由此可以很明顯地看到，這個〈文獻探討〉的結構，是先論述一個變項，然後論述兩個變項的關係，再論述三個變項的關係，以此類推。這就是在架構〈文獻探討〉時的「由簡而繁」原則；從單一變項的探討，逐步加入變項，將〈文獻探討〉推向多個變項間關係的探討。

　　以上的兩個原則：(1)「變項可寫性」原則，(2)「由簡而繁」原則，是決定〈文獻探討〉書寫架構的兩個主要原則。然而，它們只是大致的法則，並非完全不能變通的定律。隨著你的論文主題不同，你必須根據論述時邏輯的流暢性去作一些調整。論述的流暢性是決定〈文獻探討〉書寫結構時，最重要的考慮。

4.2　第二步「填充」：將文獻整理填入各節之中

　　前面提到，本書的「架構填充」步驟有助於協助你去寫出〈文獻探討〉。「架構填充」包含兩個主要步驟：「架構」和「填充」。以上所談的是「架構」的部分，接下來就要談「填充」。在完成架構後，你必須把文獻探討的實質內容填入論文架構中。

　　具體來說，所謂的「填充」，指的是要將你之前看過的文獻，整理之後放入剛才所建構的論文架構中。〈文獻探討〉必須有文獻，這就像房子建好了，接下來要裝潢，需要木板、地毯、油漆、壁紙等等。以裝潢來比喻文獻的填充很合適；裝潢的好壞，受到使用素材的影響：掛在天花板上的是水晶燈或日光燈，房子質感差很多；地板鋪的是大理石還是爛木板，走起路來就是不一樣。這意思是說：你之前讀了多少文獻、讀好的文獻還是爛的文獻，決定了你〈文獻探討〉的品質。至於什麼是好的文獻，什麼是不好的文獻，在本書「論文主題的形成」那一章中有介紹。

　　如果你之前有讀文獻，此時就有東西可以填進〈文獻探討〉的架構中了；但要怎麼填？假設你看過三十篇文獻，難道這時候要重新把這些文獻再讀一次，然後從裡面找出適合的東西填進去嗎？一篇文獻讀一次就夠累人了，難道要讀第二次？如果是，那也太辛苦了。此時就說明了一件事：讀文獻時，你不能只是讀，還必須作筆記和摘述。如果當初讀文獻時有作筆記摘述，那麼此時要作填充工作就簡單多了，只要把文獻的摘述內容，填入〈文獻探討〉的架構中即可。表4-4就是在閱讀某一篇文獻時，作筆記摘述的例子。

表4-4

1. **來源**：Grant, H., & Higgins, E. T. (2003). Optimism, promotion pride, and prevention pride as predictors of quality of life. *Personality and Social Psychology Bulletin, 29*, 1521-1532.

2. **主要研究結果**：某些人格特質和人們的調控焦點（regulator focus）的傾向有關。樂觀（optimism）的人，其促進焦點傾向，更甚於預防焦點。

3. **延伸文獻**：過去研究顯示，當個體處於促進／預防焦點時，其情緒反應（Higgins et al., 1997）、主觀價值知覺（Markman & Brendl, 2000）、及對行為正／負向結果的敏感程度（Brendl et al., 1995）都有不同。

4. **延伸文獻**：Lockwood等人（2002）曾自編測量調焦點的量表，此量表共包含兩個向度（促進／預防焦點）、18個題目，研究結果顯示促進／預防焦點量表的內部一致性為.81/.75，兩向度之間具中低度相關（$r = .17, p < .01$）。

5. **評論**：除了樂觀，是否有其他特質也會影響調控焦點？

　　由表4-4可見，在作文獻摘述時有幾個重點：首先要把這篇文獻的出處寫出來（見表4-4，1.），因爲未來你的論文如果有使用到這篇文獻，在論文最後的參考文獻中必須註明出處，所以在作摘述時養成註明出處的習慣，未來就不會忘了這摘述是來自於哪篇文獻。其次，要把這篇文獻大概的內容和研究結果摘述出來（見表4-4，2.），因爲這是這篇文獻的主體，通常只要讀一篇文獻的摘要，就可以看到這些資訊了，所以並不費工。再來是這一篇文獻的內容中，會提到很多其他相同主題的研究成果，如果你覺得這些延伸出來的文獻，未來寫論文時可能用得上，那麼就把它們也摘述出來（見表4-4，3. 4.），這對未來寫〈文獻探討〉會有很大的幫助。最後則是摘述你對這篇文獻的一些評論和想法（見表4-4，5.）。表4-4只是一

個簡化的例子，真正閱讀文獻時，會有不少值得摘述之處，你整理出來的文獻摘述應該要比表4-4來得更詳細。

　　閱讀文獻和作筆記摘述的一個重點，在於你必須帶著一種很強的「目的性」去讀文獻，這在本書「論文主題的形成」那一章中曾經有介紹。讀文獻和讀小說雜誌不一樣，讀小說雜誌是為了娛樂或打發時間，你可以放空腦袋，看過就忘；但讀文獻是為了寫論文，你必須一直帶著「這篇研究有哪些地方是我寫論文用得上的？」這樣的目的性去閱讀文獻，並且進行摘述；如果沒有這樣做，這篇文獻某種程度就算是白讀了。而摘述時，則應該盡可能採用像表4-4那樣條列的方式，而不要用整段文章的寫作形式；用條列的方式使你在以後重看摘述時比較簡潔，同時未來要運用它們的時候也比較具有彈性。

　　假設你在寫論文之前讀了三十篇文獻，並且都有作摘述的工作，那麼你就有三十篇摘述。你可以想像，接下來〈文獻探討〉的填充工作就非常簡單了，就是把文獻摘述的內容填進〈文獻探討〉的書寫架構中。例如若第一節的標題是：「A及其研究現況」，就把摘述筆記中和A有關的內容都貼進去，然後作適度的潤飾和排列組合，使它們成為完整的文句，這一節就算完成了；如果第二節的標題是：「A對C的影響」，就把有助於論述A和C之間關係的摘述貼進去，然後潤飾組合成完整的文章；如此不斷地把摘述內容填入各節架構中，整個〈文獻探討〉就幾乎完成了。這就是利用「架構填充」寫〈文獻探討〉的三個過程：(1)閱讀文獻時作筆記摘述，(2)列出論文架構，(3)將摘述填入各小節中。本書附錄六提供了一個論文寫作Step by Step的範例，請務必要閱讀。

4.3 書寫的三段格式：「過去」、「現在」和「未來」

　　將文獻摘述填入架構後，需要作一些潤飾和排列組合，才能形成完整的文章，但具體來說要怎麼寫呢？每一節的文獻都可以用下列三個順序去寫：「過去」、「現在」和「未來」。「過去」指的是「過去文獻說了什麼」，「現在」指的是「和我現在這本論文有何關聯」，「未來」指的是「接下來我要說些什麼」。我們以表4-5來說明「過去」、「現在」和「未來」三段結構。

表4-5[i]

第一節　組織公民行為及其現況
（第一段）組織公民行為指的是員工的自發性利組織行為，這類型的行為無法透過酬賞制度加以控制，而組織會因為這類型的行為獲益，進而使得組織效能獲得提升…〔**過去：過去文獻說了什麼**〕 　　（第二段）Smith等人（1983）依照Katz（1964）的角色外行為，提出了組織公民行為的概念，並區分出助人（altruism）與服從（compliance）兩種類型的組織公民行為…〔**過去：過去文獻說了什麼**〕 　　（第三段）有別於西方的研究結果，以華人為對象的研究結果發現，組織公民行為類型共有五種類型（Farh et al., 1997）：認定組織、協助同事、嚴謹性、人際和諧、保護公司資源…<u>由於本研究是在臺灣所進行，因此本研究的組織公民行為類型，決定使用Farh等人（1997）的研究結果。</u>〔**現在：和我現在這本論文有何關聯**〕

[i] 修改自：范振傑（2011）。*組織及管理者自主支持對組織公民行為之影響：需求滿足之中介效果*（未出版之碩士論文）。國防大學。

```
    …

    （最後一段）綜上所述，能否讓員工的需求獲得滿足，應是影響
員工組織公民行為的一個重要變項。以下本研究即從需求滿足的理論
性觀點，來探討此一議題。〔未來：接下來我要說些什麼〕
    第二節　需求滿足的相關理論

    …
```

　　在表4-5中，第一、二段都在談過去的文獻如何界定組織公民行
為，這就是「過去文獻說了什麼」的部分，主要是寫過去研究的狀
況和成果。如果你只寫到這邊，那麼這一段〈文獻探討〉是毫無意
義的，因為這只是在交代文獻，完全沒有作到文獻的「探討」。就
像你要向別人作自我介紹，你說：「大家好，我爸爸是個很嚴格的
人」，然後就結束下臺了，臺下的人一片寂靜，大家在想發生了什麼
事？你不是要介紹你自己，怎麼在介紹你爸爸？這顯然是個奇怪的自
我介紹。同樣的，寫〈文獻探討〉的重點是在介紹別人的研究還是你
的研究？如果你以為〈文獻探討〉的重點是在介紹別人的研究，那你
就誤解了。〈文獻探討〉的重點是在介紹你的研究，你才是主角！那
些從最高等級期刊看來的文獻，所有出自大師之手的鉅作，在你的
〈文獻探討〉中都只是配角。所有人都只是襯托你的小小綠葉，你才
是那朵大大的紅花。因此在說完：「大家好，我爸爸是個很嚴格的
人」之後，你一定要接著說：「由於他個性那麼嚴格，因此也養成
了我自我要求的個性」，這時候這自我介紹才會回到你自己身上。你
要把〈文獻探討〉想成是你論文的自我介紹，不論你引用了多少文
獻，最後一定要回到你自己的研究上；你的研究才是這本論文的主
角。因此在寫完「過去文獻說了什麼」之後，一定要寫「和我現在這
本論文有何關聯」。以表4-5來說，從第三段開始，它就提到：由於
本研究在臺灣進行，因此決定採用符合華人的組織公民行為定義。之
前第一段、第二段關於過去文獻的論述，其實都是為了鋪陳出第三

段；這就是在論述「過去文獻說了什麼」之後，寫出這些文獻「和我現在這本論文有何關聯」。在此非常重要的一個觀念是：〈文獻探討〉中引用了那麼多文獻，都只是為了要鋪陳出它們和你論文之間的關聯；而這個關聯指的是一種對「Why」的闡述：這些文獻怎麼樣使我有了這個想法？為什麼從過去文獻，可以推導出這樣的研究問題和假設？這些都是在寫過去文獻和現在這本論文有何關聯，也是〈文獻探討〉最重要的重點。如果以英文所謂三個W來說，〈文獻探討〉的重點是Why（根據過去文獻，你為何有這些想法），〈研究方法〉的重點是How（你如何執行研究），而〈研究結果〉的重點則是What（你發現了什麼）。

最後，在表4-5的末段，作者寫道：「……以下本研究即從需求滿足的理論性觀點，來探討此一議題」作為第一節的結尾。為什麼要這樣寫呢？你仔細看第二節的標題是「第二節　需求滿足的相關理論」，因此第一節的最後一段話，是為了要使文章能順利地連接到第二節，它是一種「串場」的效果，會使得整個文章更流暢。寫〈文獻探討〉時在每一節的結尾，利用某些串場的句子，先預告你接下來要論述什麼，會使讀者在閱讀時，節與節之間的轉換更為順暢，是一種增加〈文獻探討〉可讀性和說服力相當有效的策略。

總之，〈文獻探討〉各節的內容，可以依據「過去」、「現在」和「未來」三個順序去書寫，因此每一節都會包含三個部分：「過去」文獻說了什麼，這些文獻和我「現在」這本論文有何關聯，接下來（未來）我要說些什麼。

4.4　〈文獻探討〉的最後一節：研究焦點

到目前為止，不知道你有沒有發現，從表4-1到表4-3，本章所列舉的每一個〈文獻探討〉書寫架構的例子，它們的最後一節都是

「研究焦點」（the present study），這是什麼呢？這一節的內容，包含兩個部分：(1)摘要：為讀者作一個簡單的摘要，讓他更清楚你的研究要做什麼；等於是把你之前文獻所說的，再濃縮的告訴讀者一次，然後列出具體的研究問題和假設。(2)研究架構圖：用圖示的方式，把你研究的問題和假設清楚地呈現出來，它的目的也是在整理你的研究，讓讀者有清晰的理解。至於研究架構圖怎麼畫，請參見本書〈研究架構圖〉那一章。

　　這時你會發現一個現象，一本論文從頭到尾好像常常在重複講同樣的東西；沒錯，真的是這樣！〈摘要〉是對研究的摘述，〈研究動機與目的〉也是對研究的摘述，〈文獻探討〉的最後，還要再寫個「研究焦點」來摘述自己的研究；為什麼要有這麼多重複？原因在於：如果要讓讀者理解你的東西，講一次是不夠的，你要不斷的提醒讀者，幫他作複習，畢竟讀者對你的研究是陌生的，常常讀到後面，他已經忘了你前面在說什麼了。回到一開頭舉的小說例子，小說第一集寫道有某個人被殺了，到了第四集才說出凶手是誰；為什麼我們知道凶手是這個人？原來是因為當時案發現場有個小線索，透露出這個天大的祕密。問題是，都已經到第四集了，誰還記得第一集的那個案發現場長什麼樣子？此時，作者不會叫你自己去翻第一集，而是會簡單地把關鍵的地方描述出來，幫助讀者回憶，於是讀者很自然地就可以理解為什麼凶手是那個人。就像電影在最後破梗時，會用黑白或泛黃的膠卷重現之前的某些關鍵場景，來提醒觀眾過去發生了什麼事一樣。在論文中也是如此，之所以同樣的東西常常以不同形式去重述，是為了幫助讀者去回憶之前談的東西，去加深他的印象，這在論文寫作時是很重要的手法。〈文獻探討〉的最後一節寫「研究焦點」並非必要的要求，但很建議你這樣做；即使你不想寫一整節，也要在〈文獻探討〉的最後對你的研究問題和假設，具體地重述一次，這會增加整個閱讀的流暢性，讓別人很清楚知道你想做什麼。

4.5　APA格式

　　這邊附帶提一下APA（American Psychological Association）格式。論文寫作有很多格式的細節必須遵守，一般社會科學研究中常用的是美國心理學會規定的寫作格式，稱之為APA格式，在這格式中規範了所有關於論文寫作的細節：這裡要逗點、那邊要句點、什麼時候要空格、什麼時候要斜體，幾乎每一個寫作的細節，都有詳細的規範。請注意，是「規範」而不是建議，也就是說，這些寫作規範是不能違反的，必須遵守。如果你問我這些規範合不合理，我會說有一部分的確對論文寫作有很大的幫助，但是有些地方真的是太細了，簡直是囉嗦到讓正常人不能忍受的地步。雖然大部分的研究生都是正常人，常常不能忍受APA格式，但你要知道多數的指導教授和口試委員都是不太正常的人，他們不只能忍受，還會非常要求。研究生不太能理解APA格式有多重要，你可以這樣想：如果把在學術界比喻成基督教的話，APA格式就是聖經；如果把學者比喻成佛教徒的話，APA格式就是佛陀說的話，這樣你可以理解APA格式在論文中有多麼重要了吧；真的就是這麼重要！雖然你寫論文可能不是為了要走上學術之路，你還是得盡可能讓論文的格式符合APA格式的規範。不管論文本身寫得好壞如何，一本論文在APA格式上犯的錯誤愈少，表面效度就愈好，人家會覺得你的論文有一定水準；反之，如果你的論文有許多格式上的錯誤，那麼即使論文寫得再好，也很難讓人覺得這是一本好論文。

　　APA格式不只在寫〈文獻探討〉時要注意，整本論文寫作都應該要遵守APA格式的規範。然而，APA格式實在很繁瑣，APA格式的各種規範加起來有好幾百頁，要一本學位論文完全沒有犯格式錯誤幾乎是不可能的。本書為你整理了學位論文中常用的APA格式，及論文中常犯的錯誤，如附錄一。如果你能讓自己的論文完全符合附錄一中的格式，不要出現裡面提醒的錯誤，那麼你的論文品質應該可以勝過大

部分的學位論文。

此外，現在有一些軟體，如EndNote、Procite等等，可以直接幫你搞定這些複雜的格式問題，這也是個一勞永逸的方式。但有兩點要特別注意：(1)很多人以為靠這些軟體就完全不會犯格式錯誤，這是一種誤解。這些軟體並不會自動判斷格式是否正確，而是依據你當初輸入（或匯入）的資料格式去作處理，因此如果你當初給它的文獻格式是錯誤的，它在論文中呈現出來的格式也會是錯誤的；而更糟的是，目前從各種學術網站直接匯入的文獻格式錯誤比例很高，因此過度依賴這些軟體，其實反而更容易出錯。(2)博士生在一開始，我會建議還是「土法煉鋼」，不要過度依賴文獻整理軟體。原因在於博士生未來通常會走上學術這條路，這些格式問題是一輩子都要面對的，如果對文獻格式早早就依賴軟體，最後會對這些格式很不熟悉，那麼當你的學生犯錯時，你如何能察覺？你又如何有能力教育你的學生寫作格式？所以，博士生應該要在非常熟悉這些行規之後，才開始使用文獻整理軟體，而不要一開始就過度依賴它們。

(4.6) 什麼是抄襲？

抄襲在學術研究中是很嚴重的事，但是什麼是抄襲呢？接下來這個答案可能會讓你驚訝：我也不知道！我的意思是；並沒有一個很精確的定義規範出：連續多少字以上和別人一模一樣叫作抄襲。而一般對「剽竊」（plagiarism）的定義是：作者不可以在陳述他人作品或想法時，當作是自己的作品或想法，而是必須小心謹慎地報告所參考的資料來源（也就是必須適切的引用參考文獻）。因此「剽竊」與否的主要認定標準，是有沒有適切的引用；在論文書寫時，當所陳述的觀點並非你個人原創的想法時，就要引用。然而這並不表示只要有引用，你就可以任意「剪貼」別人的文字；直接剪貼別人的文字是不適

切的。如果你覺得某篇研究的陳述寫得很好，你想要模仿它，那麼你一定要對它的字句用你自己的話語重新改寫，要儘量避免一字不改的重述（也就是就算有引用，也必須用自己的話語改寫，不可以直接剪貼別人的文字）。然而，如果某些句子實在寫得太好了，你覺得不「全文引用」實在很可惜，那麼你可以在這些直接剪貼的文字前後加引號，並且加上頁碼；這種引用方式表明了這段話是全文照抄的。例如：

「直接剪貼別人的文字是不適切的。如果你覺得某篇研究的陳述寫得很好，你想要模仿它，那麼你一定要對它的字句用你自己的話語重新改寫。」（顏志龍，2020，<u>p.XX</u>）。

或是

顏志龍（2020）表示：「直接剪貼別人的文字是不適切的。如果你覺得某篇研究的陳述寫得很好，你想要模仿它，那麼你一定要對它的字句用你自己的話語重新改寫。」（<u>p.XX</u>）。

上面二種寫法，前後加了引號，而且引用時加註了頁碼（底線處），這就是告訴人家這段話是「原封不動」地抄自顏志龍的書。

4.7　本章摘述

綜上所述，本章歸納了一些寫作〈文獻探討〉的實用法則和注意事項：

一、文獻探討的寫作包含三個主要步驟：(1)事前文獻閱讀的筆記摘述，(2)書寫架構的確立，(3)將摘述填入架構中。

二、完成填充之後，〈文獻探討〉的各個小節，可以用「過去」、「現在」和「未來」三段格式來加以書寫。

三、文獻探討的最後一節，若能寫一節「研究焦點」（或是你也可以

用其他名稱）來為讀者作一個整理摘述，對閱讀的流暢性和理解
性會很有幫助。

四、最後，APA格式（或相關論文寫作規範）對論文品質的提升有
非常大的幫助；若你的領域使用APA格式，宜多參考本書的附錄
一，作為論文寫作的基礎。

以上這些關於〈文獻探討〉的書寫模式，可以用圖4-2來加以表
示。你看我上面這一段摘述和圖4-2，是不是很像在為這一章寫最後
一節的「本章焦點」呢？此時你應該可以體會到：在長長的〈文獻探
討〉之後，寫一節「研究焦點」作最後總結，對讀者來說是很重要的
吧！

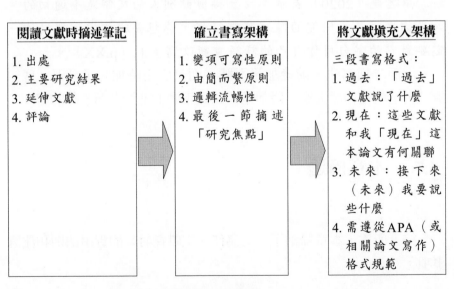

圖4-2 本章摘述

CHAPTER 5

研究架構圖

武俠小說中常常有類似這樣的橋段：男主角有了一段奇遇，可能掉下山崖大難不死，或是莫名奇妙被關在山洞石室中，然後看到山壁上竟然有一些古老的壁畫，畫著一些人形，擺出各種令人臉紅心跳的姿勢（因為是絕世密笈，所以男主角看到很興奮而臉紅心跳），其中有一些紅線通向人體的各個穴位，從厥陰到太陰，再從太陰到少陽；男主角略有所悟，於是就靠這幾張圖練成了絕世武功，從此過著幸福快樂的人生。

　　像這樣將複雜的學問，用圖簡要地表達出來，以學術來說，就是研究架構圖。研究架構圖，是用簡單圖示的方式，把整個研究想探討的問題或假設表達出來。它通常被放在〈文獻探討〉那一章的最後，或是〈研究方法〉那一章的開頭。研究架構圖不只可以讓別人快速理解你的研究，還能讓你去檢視自己的研究是否可行，這個研究的品質如何，甚至你的研究方法有沒有問題。看似毫不起眼的研究架構圖，其實背後蘊涵著整個研究的精髓。

5.1　研究架構圖的基本要素

　　研究架構圖包含兩個要素：

一、研究變項

　　研究架構圖要展現出你的研究包含哪些變項。變項通常用方塊表示，例如圖5-1表示這個研究包含「領導方式」、「組織氣氛」和「工作滿意」三個變項。

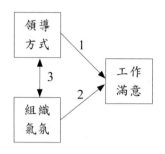

圖5-1 相關、因果的研究架構示例

二、變項間關係

研究架構圖要呈現出你的研究變項之間，彼此有著什麼樣的關係。變項之間的關係通常以箭頭表示。單向的箭頭表示因果；若箭頭由A指向B，表示A是B的因，白話的說就是「A影響B」。例如圖5-1的意思是：「領導方式」會影響「工作滿意」（見圖5-1，箭頭1），同時「組織氣氛」也會影響「工作滿意」（見圖5-1，箭頭2）。相對於單向的箭頭表示因果，雙向的箭頭則表示相關，表示兩個變項彼此之間有關聯，但沒有誰是誰的因、誰是誰的果；圖5-1表示「領導方式」和「組織氣氛」之間有關聯，但是並沒有因果關係（見圖5-1，箭頭3）。

相關和因果，是最單純的變項關係，其他複雜的變項關係，都是以這兩種關係為基礎所形成的。在社會科學有兩種常被探討的變項關係：調節變項（moderator）和中介變項（mediator），它們的研究架構畫法如圖5-2、圖5-3。

圖5-2　調節變項的研究架構示例

　　圖5-2是調節變項的研究架構圖，這個圖表示「領導方式」會影響「工作滿意」（圖5-2，箭頭2），但這個影響要視「組織氣氛」而定（圖5-2，箭頭1）。例如雖然領導者努力的經營（領導方式），有助於提升員工的工作滿意，但是如果組織氣氛太差，領導方式的效果會被沖淡；反之如果組織氣氛很好，則領導方式的效果會被擴大加成。這就是「領導方式會影響工作滿意，但這個影響要視組織氣氛而定」的意思。此時，組織氣氛稱之為影響「領導方式和工作滿意間關係」的調節變項。其實仔細拆解圖5-2，可以更清楚的理解上面那段話的意思：從組織氣氛出發的那個箭頭1代表組織氣氛的影響力，它指向哪裡呢？它既不是指向領導方式，也不是指向工作滿意，而是指向箭頭2。那箭頭2是什麼意思呢？箭頭2代表領導方式和工作滿意間的關係。因此，「組織氣氛是影響領導方式和工作滿意間關係的變項」可以拆解成兩部分：

組織氣氛　是影響	領導方式和工作滿意間關係	的變項
箭頭1	箭頭2	

　　此時，「組織氣氛」稱之為影響「領導方式和工作滿意間關係」的調節變項。

圖5-3　中介變項的研究架構示例

　　圖5-3是中介變項的研究架構畫法，在這個圖中，「領導方式」影響了「組織氣氛」，「組織氣氛」再影響了「工作滿意」。此時，我們可以說，「領導方式」透過「組織氣氛」影響了「工作滿意」；或是「組織氣氛」中介了「領導方式」和「工作滿意」間的關係。此時，「組織氣氛」是「領導方式」和「工作滿意」間關係的中介變項。

　　所有的研究架構都是由上述的幾種類型變化組成的。瞭解了上述原則，你就可以根據自己論文的研究問題和假設，去畫出相符的研究架構圖了。例如圖5-4表示這個研究至少探討以下三個問題：(1)員工性格會調節領導方式和組織氣氛之間的關係（圖5-4，箭頭1）；(2)組織氣氛中介了領導方式和工作滿意間的關係（圖5-4，箭頭2、3）；(3)組織氣氛中介了領導方式和離職意願間的關係（圖5-4，箭頭2、4）。

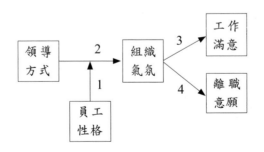

圖5-4　較複雜的研究架構示例

5.2 研究架構圖的主要功能一：
快速理解研究

　　雖然畫研究架構圖的原則非常簡單，但還是有不少論文會畫錯。
之所以會畫錯，其實是因為對研究架構圖的功能有所誤解。最常見的
誤解是「畫蛇添足」，把很多不該放進來的變項都放進來了。什麼叫
作不該放的變項呢？只要沒有出現在你的研究假設中的變項，就是不
該放的變項。例如，如果你的論文想探討的問題非常單純，只是想
看「領導方式」會不會影響「工作滿意」，於是你只有一個假設：
「領導方式對工作滿意有正向影響」；在這個假設下，研究架構圖
非常單純，只有兩個變項和一個箭頭，也就是如圖5-5所示。但你想
了一想，覺得這張圖看起來實在沒什麼學問，如果這樣就想混個碩
士文憑，感覺有些良心不安，於是因為還有很多變項也會影響工作
滿意，像是性別、年資等等，你就把它們也都加了上去，畫成了圖
5-6。圖5-6感覺好像比較有學問一些，想到這樣畢業應該沒有問題，
晚上也可以睡得比較安穩了，但圖5-6卻是完全錯誤的研究架構圖！

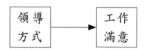

圖5-5 領導方式與工作滿意間關係之研究架構圖（正確）

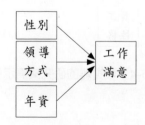

圖5-6 領導方式與工作滿意間關係之研究架構圖（錯誤）

　　錯在哪裡呢？錯在研究架構圖中包含了不該放的變項。研究架構，是要呈現「這本論文」所要探討的變項和變項間關係，而不是所有可能的變項和變項間關係。只要你的研究假設中沒有提到的變項和關係，就絕對不能出現在架構圖中；相對來說，只要在你的研究假設有提到的變項和關係，就一定要出現在研究架構圖中。你必須把研究架構圖想像成如同數學公式一樣精準，多一個符號、少一個符號都是錯誤的；在研究架構圖中，多一個變項、少一個變項是錯的，多一個箭頭、少一個箭頭也是錯的；研究架構要完全精準地對應到你的研究問題和假設。研究架構是用來表達你的研究問題和假設的，不是用來欣賞的；華不華麗、好不好看，完全不重要。

　　我以下面這個例子，來說明研究架構的核心要旨：如果你逛書店，看到《三分鐘讓英文突飛猛進》、《三分鐘讀完心理學經典》這一類的書，千萬不要買，因為這類書比《傻瓜也會寫論文》更扯，一定是騙人的。但是如果有本書叫《三分鐘看懂一篇碩士論文》，那麼它沒有騙人，因為只要研究架構圖沒有畫錯，光靠研究架構就可以完全解讀出一篇論文的每個研究問題和假設。事實上，《三分鐘看懂一篇碩士論文》中，有兩分鐘是為了找研究架構圖在哪一頁所花的時間，如果直接看到研究架構圖，不用一分鐘你就可以知道這篇論文在做什麼了。這樣說來，你應該可以理解研究架構圖有多重要了！研究架構圖就是要展現出你的研究包含哪些變項？變項間關係如何？必須（而且只能）包含研究假設中所有的變項和關係；變項不能少也不能多，箭頭同樣不能少也不能多。

5.3 研究架構圖的主要功能二：
判斷論文的水準

　　研究架構還有一個好用的功能，它能協助你去判斷你的研究可不可行。從研究架構中去思考三個問題，就可以決定你的研究可不可行，甚至是你的論文水準如何，將來有沒有必要去圖書館把它偷出來燒掉。

一、每個方格的意涵都清晰嗎？

　　你仔細看研究架構圖中每個方格的意涵，然後自問：我能很清楚地跟別人說出每個方格中的概念是什麼意思嗎？以圖5-6為例，我們來一個一個仔細檢視每個方格的意涵是否清晰。「性別」，這個概念非常清晰，在這變項下有男女兩種性別，應該沒什麼問題。「領導方式」，這個概念就比較模糊了，領導方式有那麼多種，你指的是哪一種？領導理論很多，你的研究是基於什麼樣的觀點呢？很快你就可以發現這個變項需要更清晰的定義。至於「年資」，這個概念是否清晰呢？這是一個看似清晰的概念，但仔細一想，就會發現有很多模糊之處；年資指的是一個人從事這個職業開始的時間，還是進入這家公司的時間，又或者是擔任這個職務的時間呢？你關心的是哪一件事？類似這樣，你一個個去仔細思考研究架構圖中的每個方格，就可以發現你的研究變項，乍看之下或許合理，實則有很多模糊不清之處。只有當你研究架構圖中的每個方格意涵都非常清晰時，這個研究架構才會是一個可行的研究。

二、每個箭頭都清晰合理嗎？
★

接下來你仔細地去看每一個箭頭，然後問自己兩個問題：(1)這箭頭所代表的變項關係**清楚嗎**？(2)這箭頭所代表的變項關係**合理嗎**？關於第一個問題：「這箭頭所代表的變項關係清楚嗎？」指的是明確的方向性。例如圖5-6，「性別」有一個箭頭指向「工作滿意」，表示性別會影響工作滿意，但是這樣的關係不夠明確；如果性別會影響工作滿意，那麼是男生對工作比較滿意，還是女生對工作比較滿意？同樣的，如果「年資」會影響「工作滿意」，那麼是年資愈長愈滿意，還是年資愈短愈滿意？箭頭背後的意涵必須非常明確，你必須能很清晰地把箭頭兩端的變項關聯說清楚。而第二個問題：「這箭頭所代表的變項關係合理嗎？」指的是你能不能有充分理由，說服別人這箭頭是成立的。如果你認為男生比女生更感到工作滿意，為什麼？你是基於什麼樣的文獻或理論提出這樣的想法？只有當研究架構圖中的每個箭頭意涵都非常清楚，而且你能說出為什麼時，這個研究架構才會是一個可行的研究。

三、這些變項為何被放在一起？
★

以上兩個條件：(1)研究架構中每個「方格」的概念要非常清晰，(2)每個「箭頭」的意涵都要清楚且有道理，是一個研究的基本要件，只要達成這兩個基本要件，一個研究就是可行的。但如果你不只想要拿學位，也希望自己的論文講出去不會丟人，甚至想拿個什麼論文獎來光宗耀祖，那麼你就要問自己第三個問題了：「我為什麼要把這些變項放在一起？」以圖5-6為例，這個架構包含了「性別」、「領導方式」、「年資」和「工作滿意」四個變項，但是你可以想像還有很多變項可以被考慮，例如「領導者特質」、「部屬特性」、「薪水」、「工作性質」等等，甚至你可以說，我想把「星座」、「血型」、「八字」納入研究架構行不行？這世界上有無限多個變

項，你為什麼把這些東西湊在一起？這牽涉到變項之間的和諧性問題，而這種和諧性是一種科學的美感。如果你的研究變項之間的組合是很和諧的，這樣的論文架構會比不和諧的架構來得好。這有點像都市規劃的概念，如果你在臺北東區的101大樓旁邊弄個鳳梨田，也不能說不對，但就是不協調，整個都市的美感就被破壞了；同樣的，你讓101大樓矗立在一片綠油油的稻田中，嚴格說來也沒什麼錯，但一片田園風光就不見了。因此，對一個好的研究而言，把某些變項納入研究架構中，是必須考慮和諧性的；而我前面提到，這種和諧性是一種科學的美感，既然是美感問題，就需要相當的天分和經驗，才能對這個問題產生合宜的直覺，因此多問問你的指導教授會很有幫助。

　　如果本書只寫到這裡，那麼你一定有一種錢被騙了的感覺：「要問指導教授，我還還買這本書幹嘛？」所以在此提供你兩個準則，來判斷研究架構是否合諧；它們未必完全適用於所有研究，但在很多情況下，以下這兩個判準應該會對你頗有幫助：(1)能用理論去解釋的研究架構，比不能用理論解釋的研究架構來得好；(2)用愈少理論就能解釋的研究架構愈好。我們還是以圖5-6為例，圖5-6有三個箭頭（變項間的關係），如果每個箭頭你都無法用理論去解釋它，只能東拉一個研究、西扯一篇文獻，拼拼湊湊地去把這個研究架構解釋清楚，那麼你就可以考慮把某些研究變項換掉了；反之，如果你可以很輕易地用某些理論觀點，把研究架構說清楚，那表示這些變項之間具有和諧性（能被理論所統合），是比較好的研究架構。這就是「能用理論去解釋的研究架構，比不能用理論解釋的研究架構來得好」的意思。更進一步來說，如果你能只使用一個理論，而不需要很多個理論，就把三個箭頭都說清楚，表示這些變項之間具有很高的和諧性（能被統合在單一理論之下），此時，這個研究架構就是非常好的研究架構；相對來說，如果你必須用更多理論才能把這三個箭頭講清楚，變項之間的和諧性就比較低；這就是「用愈少理論就能解釋的研究架構愈好」的意思。

　　或許你會好奇，為什麼這兩個原則有助於回答變項間和諧性的

問題呢？因為科學的精神在於「以簡御繁」，也就是用精簡的法則（就是理論）來解釋複雜的現象。所以，能用理論去解釋變項間關係的研究，比不能用理論解釋的研究來得好；同樣的，為了「以簡御繁」，用很少理論就能解釋變項間關係的研究，比要用很多理論才能解釋的研究好。

5.4　研究架構圖的主要功能三：確定你的研究方法沒問題

本章一開始提到，研究架構圖通常被放在〈文獻探討〉的最後，或是〈研究方法〉的一開始；這是有道理的，因為研究架構圖可以幫助你去檢視自己的研究方法有沒有問題，所以才會放在〈文獻探討〉結束之後、〈研究方法〉開始之前。有時你好不容易東拼西湊、前貼後剪，終於將〈文獻探討〉寫完了；接下來卻對自己要怎麼做這個研究感到困惑，心中有不少不安的聲音：我要測量哪些東西？我要操弄哪些變項？會不會問卷編了半天、論文做到一半，才發現有很重要的東西漏掉了？這時候研究架構圖就很有用了。要確定自己的研究方法有沒有疏漏，大原則很簡單，只要你確定研究架構圖中的每個方格，也就是你的研究變項，都有被測量或操弄到，那麼基本上就沒問題啦！

例如有三個研究生，他們的研究架構是分別是圖5-1、圖5-2、圖5-3，看起來三個人好像在探討不同的問題，但研究要測量或操弄的變項卻是一模一樣的：他們都一定要測量或操弄「領導方式」、「組織氣氛」和「工作滿意」這三個變項，只要有測量或操弄到這三樣東西，就表示研究方法問題不大；只要漏掉任何一個，就會是一場學位論文的大災難。同理，如果你的研究架構是圖5-4，那麼有五個

變項是一定要測量或操弄的；如果你的研究架構是圖5-5，那麼你只要測量或操弄兩個變項，以此類推。因此，研究架構圖可以協助你去判斷自己的研究方法有沒有問題，只要研究架構圖上出現的變項，就一定要有與之對應的測量或操弄，絕對不能漏。

那麼，除了研究架構圖上的變項之外，能不能施測一些圖中沒有的變項呢？可以的，只要你覺得不會對主要變項的施測品質造成影響，你愛施測多少變項就施測多少。但基本上還是建議不要太超過，畢竟受試者的忍耐是有極限的，問卷愈厚或實驗程序愈長，受試者亂作答的可能性愈高，研究品質通常愈差。

總之，從研究架構圖中可以檢視出你的研究方法有沒有重大疏漏，研究架構圖上的每個方格都一定要有相對應的測量或操弄，這是一個研究最基本的要求。當然，前提是你的研究架構圖沒畫錯，如果畫錯，那就一路錯到底，連《傻瓜也會寫論文》這本神作也救不了你了。

5.5　本章摘述

本章開頭提到：「看似毫不起眼的研究架構圖，其實背後蘊涵著整個研究的精髓。」這是千真萬確的！研究架構圖涵蓋了論文的多數主體：〈文獻探討〉的目的是要把研究架構中的每個「方格」和「箭頭」說清楚；〈研究方法〉必須確認每個「方格」都有被測量到；而〈研究結果〉則是用統計方法去描繪每個「箭頭」是否成立。研究架構圖是論文寫作和思考時非常重要的指引。簡單來說，本章的重點如下：

一、研究架構圖由兩個要素構成：(1)變項（以方格表示）；(2)變項間關係（以箭頭表示）。

二、研究架構圖的主要目的，在於讓人們快速理解你的研究想探討的問題及假設。它必須非常精準：研究問題中有出現的變項和關係，一定要畫上去；研究問題中沒有出現的變項和關係，一定不能畫上去。

三、研究架構圖也可以讓你去檢視自己的研究是否可行。仔細地檢視圖中的(1)每個方格（變項）的定義是否清晰？(2)每個箭頭（變項間關係）是否有清楚的方向性、此關係是否合理？(3)方格組合起來之後的和諧性如何？將可知道此一研究是否可行，也有助於進一步判斷此研究的品質高低。

四、確定研究架構圖中的每個方格都有被測量或操弄，對研究來說非常重要，也是檢查研究方法是否適切的重要指標。

〈研究方法〉的撰寫

有人說：「物理世界的變動性，只是數學不變性的偽裝。」這句話的意思是說：你走在路上，看著樹葉飄落、塵土揚起，你在海邊欣賞潮汐起伏、月昇日落，這一切看似截然不同的物理現象，背後其實隱含著相同的數學法則，它們可以被幾個很簡單的數學式子加以描述。上帝在創造這個森羅萬象的世界時，只用了簡單的法則，看似複雜的事情背後，常常是有公式可循的；而論文寫作中最公式化的部分，就是〈研究方法〉的撰寫。〈研究方法〉通常放在論文的第三章，由於大部分的研究生在寫論文之前並沒有實際做過研究，因此對〈研究方法〉這一章會感覺很陌生，不知從何著手；但是其實〈研究方法〉是一本論文中最好寫的部分，它有非常固定的格式，依這格式去寫就可以很輕鬆的寫完〈研究方法〉。

6.1 〈研究方法〉的格式

〈研究方法〉的書寫，主要是要把三件事情說清楚：(1)研究參與者，(2)研究程序，(3)研究工具。因此，最基本的〈研究方法〉撰寫就包含了這三段格式，例如表6-1的例A：

表6-1

〈研究方法〉書寫結構

例A（單一研究）	例B（多個研究）
第三章　研究方法 　壹、研究參與者 　貳、研究程序　　⎫ 　參、研究工具　　⎭ 研究方法 第四章　研究結果 第五章　討論	第三章　研究一 　壹、研究參與者 　貳、研究程序　　⎫ 　參、研究工具　　⎬ 研究方法 　肆、研究結果　　⎭ 　伍、討論 第四章　研究二 　壹、研究參與者 　貳、研究程序　　⎫ 　參、研究工具　　⎬ 研究方法 　肆、研究結果　　⎭ 　伍、討論 第五章　綜合討論

　　〈研究方法〉在論文中的位置，會因為你只作單一研究，或有多個研究而有所不同。例A是當論文中只包含一個研究時的論文結構，也是多數碩士論文的狀況；第三章是〈研究方法〉，它下面包含了：「研究參與者」、「研究程序」、「研究工具」等三個部分，這就是〈研究方法〉最基礎的三段格式；至於〈研究結果〉、〈討論〉則寫在另外的章次。因此在一般的情況下，〈研究方法〉、〈研究結果〉、〈討論〉被分成三章去寫，這是你的論文只做了一個研究的狀況。然而如果你的論文有多個研究（研究一、研究二、研究三⋯⋯），那麼就不能用例A的結構了，而是應該用例B的結構。把例A和例B作個比較，你可以發現幾點差異：在單一研究時（例A），〈研究方法〉、〈研究結果〉、〈討論〉被獨立成三章各自去寫；但在有多個研究時（例B），則是以各子研究作為章的單位去書寫；第三章是〈研究一〉，下面包含了研究一的研究方法、研究結果和討論；第四章是〈研究二〉，下面包含了研究二的研究方法、研究

結果和討論；如果你有研究三，那麼第五章就會是〈研究三〉，下面同樣包含研究三的研究方法、研究結果和討論，以此類推；等各子研究的方法、結果、討論都各自介紹完後，論文的最後一章再寫一個〈綜合討論〉來整合所有的研究結果及討論。你把表6-1的例A和例B看一遍並比較一下，應該可以明白此種差異。

　　因此，〈研究方法〉的結構會因為你的論文中只有一個研究，或有多個研究而有所不同；當你的論文只有一個研究時，應該用例A的結構；如果你的論文中包含兩個以上的研究時（注意！即使你做了「預試」和「正式施測」，也算是做了兩個研究），應該要採用例B的結構。論文結構必須依據單一研究或多個研究，而採用不同的章節劃分方法，這一點非常重要。我看過很多論文，明明有兩個以上的研究，卻採用例A的結構，導致撰寫時的層次非常混亂，很難把各個研究交代清楚；作者寫得很辛苦，讀者讀得更辛苦。

　　儘管在單一研究和多個研究時的論文結構會有所不同，但關於〈研究方法〉那一部分的三段格式都是一樣的，就是寫「研究參與者」、「研究程序」和「研究工具」。

6.2　研究參與者

　　研究參與者（participants）這一段主要是要說明研究對象的性質；撰寫的基本格式如表6-2。在表6-2中，〔〕括弧內的敘述，表示對此格式的註解和說明，其中標註（必）的是表示所有論文都一定要寫出來的部分，標註（選）的則表示可以視研究內容去決定是否要寫。未來本書凡是有提到關於論文的基本撰寫格式，均是用此種方式表示。

表6-2

研究參與者書寫範例

本研究對象為某大學學生80人〔**說明研究對象的背景及人數（必）**〕，男性研究參與者60人，占75%〔**說明性別分布（必）**〕，年齡 $M = 20.07$，$SD = 1.26$〔**說明年齡平均值、標準差（必）**〕，有戀愛經驗者40人（50%）、無戀愛經驗者20人（25%）、不確定者20人（25%）〔**說明其他重要人口變項（選）**〕。

就表6-2的格式範例來說，「研究參與者」的書寫，一開始是先寫出研究對象的基本背景（是學生或來自其他的組織、如何招募的等等）、總樣本人數是多少人，然後描述一些人口統計（demographic）資料。有兩種人口統計資料是最基本一定要寫出來的，就是性別和年齡。其中性別要寫出人數和百分比，你可以只寫出其中一種性別即可。以表6-2為例，作者寫出總人數為80人，男性60人，這自然就表示女性一定是20人了，因此再把女性人數寫出來就顯得多餘（同理，你也可以選擇只寫出女性人數比例，省略男性不寫）；這是由於學者們有一種不成文的共通美感，希望學術論文寫作愈簡潔愈好，任何贅詞冗句都不要寫。在這個例子中，既然知道總人數和某一性別比例，另一性別比例的描述就是多餘的，所以可以不寫；但如果你想把兩個性別都寫出來，也沒有人會說不對。年齡必須列出平均值（M）和標準差（SD），這是一定要呈現的資訊。你有沒有特別注意到：在「……年齡 $M = 20.07$，$SD = 1.26$……」這句話中，M和SD是斜體的？這是因為APA格式規定，英文統計符號必須斜體；因此趁這個機會再次提醒你，APA格式（或相關論文寫作規範）非常重要。

在大部分的情況下，描述研究參與者人口統計資料時，有寫出性別和年齡這兩種資訊就足夠了，但有時必須視研究主題增加一些人口統計資料的描述。例如在表6-2最後，作者寫道：「有戀愛經驗

者有40人（50%）、無戀愛經驗者20人（25%）、不確定者20人（25%）。」這可能是由於這本論文是做和愛情有關的主題，有無戀愛經驗可能會影響研究結果，因此，作者特別交代了研究參與者的戀愛經驗狀況。同理，若你的研究主題是選舉，你可能就必須在背景描述中報告受試者有無投票經驗、黨籍如何等等；若你研究的主題是靈異現象，你可能就要交代受試者當中有多少人自認爲遇過鬼；以此類推。總之，除了性別和年齡外，其餘的人口統計資料是否需要呈現，視你的研究主題而定。

　　很多論文喜歡在描述樣本性質時，列出一個表格，裡面包含了一堆人口統計資料，如年級、科系、婚姻狀況、甚至居住地等等，這是不必要的，因爲很多人口統計資料的報告並沒有實質意義。爲什麼你不把受試者的血型、星座報告出來？答案很簡單，因爲血型、星座和你的研究沒有什麼關係，呈現這些資料顯得不太有意義。同樣的，如果年級、科系、婚姻狀況和你的研究沒有什麼關係，你爲什麼要在描述樣本性質時特別呈現它們呢？因此，除了性別、年齡是一定要報告的之外，其餘的人口統計變項是否報告，要視你的研究主題而定；和你研究無關的人口統計資料都沒有必要報告。而如果沒有特別的原因，也不必另外列出一個表格來描述人口統計資料，因爲這不符合論文寫作的簡潔原則。總之，不論性別、年齡和你的研究主題是否有關，這兩種人口統計資料一定要在樣本性質中說明，這是「行規」；至於其他的人口統計資料是否要呈現，就要看它們和你的研究是否有關了，凡是和你研究無關的人口統計資料，基本上都不必呈現。

　　最後值得注意的是，有些論文會用「樣本」（sample）這個詞來描述研究對象；然而，有些人認爲「樣本」這種說法好像不把人當人看，主張社會科學在描述研究對象時應該避免使用「樣本」這個詞，因此建議你撰寫時，還是盡可能以「研究參與者」這個詞爲主。

6.3 研究程序

　　研究程序的書寫格式，要視你的研究是調查法或實驗法而定。調查法和實驗法的差別在於有沒有「操弄」（manipulate）任何變項。所謂「操弄」，指的其實不是真的操弄了什麼事情，而是兩種狀況：(1)你有沒有把受試者隨機分派到不同的實驗情境（conditions），或是(2)你有沒有把多個實驗情境隨機分派（或平衡）給同一個受試者。如果你的研究法基礎不是很扎實，看不懂上面這些外星話，那也沒關係，有一個簡單的法則可以判斷：「在你的研究中，是不是每個受試者都做了『一模一樣』的事？」如果是，那麼你的研究就應該是調查法研究；如果不是，那麼你的研究應該是實驗法研究。調查法的研究書寫格式如表6-3。

表6-3
研究程序內容撰寫範例（調查法）

　　由研究者親自進行施測〔**說明由誰施測（必）**〕，施測場地在安靜不受打擾的教室〔**說明施測場地（必）**〕，每場次施測1～5人〔**說明施測方式，團體施測或個人施測（必）**〕，在施測前每位研究參與者均獲贈一市價70元之禮品，以強化其作答動機〔**說明是否有受試酬金（必）**〕。一開始先告知研究參與者這是一個和產品調查有關的研究，然後妥予說明指導語，確認研究參與者瞭解無誤後才開始作答，作答完後統一收卷〔**說明施測過程（必）**〕。研究參與者拿到一份問卷，其內容依序為（一）五大人格特質量表；（二）產品廣告訊息；（三）購買意願量表；（四）人口統計資料〔**說明施測內容（必）**〕。作答所需時間約15分鐘〔**說明施測時間（必）**〕。最後對研究參與者說明研究之真正目的（debriefing）後結束施測〔**若研究程序中有隱瞞研究參與者，或需於事後說明之事項，要在研究結束後說明（選）**〕。

　　研究程序的目的，在於詳細說明施測過程你做了些什麼、是如何做的。由表6-3可見，它的具體內容包含：(1)施測者是誰；(2)施測場地；(3)施測方式，是團體施測或個人施測；(4)是否有給受試者酬金；(5)說明施測過程，如何下指導語、收卷方式等；(6)施測內容；(7)施測時間；(8)研究結束後之說明等。表6-3的研究程序範例，適用於大部分的調查性研究，把你的研究內容套進表6-3，應該可以輕鬆地寫完研究程序。

　　至於如果你的研究是實驗法研究，那麼就要用表6-4的格式了。表6-4大部分的內容和表6-3很類似，差別在於你必須交代你的實驗設計和程序。也就是要加入表6-4中劃底線的那些部分，包含：(1)實驗變項及實驗設計：有幾個自變項？幾個實驗情境（conditions）？是什麼樣的設計；受試者間、受試者內，或混合設計？(2)各變項的隨機和平衡程序如何？原則上，受試者間變項必須說明如何隨機分派，受試者內變項需說明時序如何平衡。除了上述這些實驗程序外，其餘的寫作都和調查法研究完全相同。由於本書的目的在於提供論文寫作指南，並非教授研究方法，因此上述的一些實驗方法的專有名詞，在此就不多作說明；如果想快速理解實驗法，可以參考顏志龍（2014）的論文[i]；當然，如果本書賣得好的話，未來不排除再出一本《傻瓜也會作實驗》。

表6-4

研究程序內容撰寫範例（實驗法）

採2（廣告訴求：理性／感性）×2（產品類型：3C／服飾）二因子混合實驗設計〔**說明實驗變項、水準及實驗設計（必）**〕；其中廣告訴求為受試者間設計，產品類型為受試內設計，共包含四個實驗情境〔**說明各變項之設計（必）**〕。受試者被隨機分派到理性

---

[i] 顏志龍（2014）。實驗法的原理及其在運動和體育研究上的運用。*體育學報*，*47*(4)，475-488。

或感性其中一個廣告訴求情境〔**受試者間變項需說明隨機分派程序（必）**〕；所有研究參與者均閱讀3C和服飾兩種產品類型的廣告訊息，產品類型的呈現時序採受試者間時序平衡（counterbalance）〔**受試者內變項需說明時序如何平衡（必）**〕。由研究者親自進行實驗〔**說明由誰施測（必）**〕，施測場地在安靜不受打擾的教室〔**說明施測場地（必）**〕，每場次施測1～5人〔**說明施測方式，團體施測或個人施測（必）**〕，在施測前每位研究參與者均獲贈一市價70元之禮品，以強化其作答動機〔**說明是否有受試酬金（選）**〕。實驗一開始先告知研究參與者這是一個和產品調查有關的研究，然後妥予說明指導語，確認研究參與者瞭解無誤後才開始作答，作答完後統一收卷〔**說明施測過程（必）**〕。研究參與者拿到一份問卷，其內容依序為（一）五大人格特質量表；（二）產品廣告訊息；（三）購買意願量表；（四）人口統計資料〔**說明施測內容（必）**〕。作答所需時間約15分鐘〔**說明施測時間（必）**〕。最後對研究參與者說明研究之真正目的（debriefing）後結束實驗〔**若實驗程序中有隱瞞研究參與者，或需於事後說明之事項，要在研究結束後說明（選）**〕。

6.4 研究工具

〈研究方法〉的第三段是「研究工具」（或是「變項測量」）。這一段的主要目的是要說明研究中所使用的工具（如問卷、實驗的操作等等）的內容，以及這些研究工具的信、效度等測量特性。「研究工具」書寫的基本結構及內容如表6-5。

一開始通常會先寫「本研究的完整問卷如附錄一」，所謂完整問卷，指的是你施測時使用的那整份問卷，你要把施測時完整的問卷包含指導語放在附錄中供人參考。這是基於學術倫理的考慮，因為未

來別人想要重複驗證（replicate）你的研究時，就可以直接使用你附錄中的問卷去做研究，去檢驗你的研究有沒有作假、能不能得到同樣結果等等。雖然大概不會有人真的去重做你的研究，你還是必須附上完整問卷，以表示你心中坦蕩蕩，沒有藏什麼見不得人的東西。寫完這一段之後，接下來就是各個研究工具的介紹說明了。

表6-5
研究工具內容撰寫範例[ii]

> 貳、研究工具
> 　　本研究的完整問卷如附錄一〔**提供完整問卷於附錄（必）**〕；以下說明各項測量工具之內容。
> 一、轉型領導量表
> 　　此量表用以測量轉型領導行為〔**說明為何施測這個工具（必）**〕。採用Avolio等人（1995）所發展的多因子領導問卷（multifactor leadership questionnaire, MLQ-5X）〔**說明工具來源（必）**〕。此量表包含四個向度：理想化影響、激發動機、智識啓發、個別化關懷〔**說明向度（必）**〕，各向度5題，合計20題，包含4題反向題〔**說明題數、反向題（必）**〕。作答形式採Likert六點式量表，「1」表示完全不符合，「6」表示完全符合〔**說明作答形式（必）**〕；各分量表加總分數即為各分量表分數，四個分量表加總即為總量表分數〔**說明計分方式（必）**〕。過去研究顯示其具有相當好的效度，例如Avolio等人（1995）的研究指出MLQ量表具有不錯的聚合效度（convergent validity）和區辨效度（discriminant validity）。Avolio等人（1999）以14組跨國樣本的分析也顯示，此量表具良好的效度〔**說明過去研究的信、效度證據（必）**〕。在本研究中，施測之

[ii] 鄭瑩妮（2008）。*轉型領導對部屬工作投入之影響：情緒感染力之調節效果*（未出版之碩士論文）。國防大學。

總量表信度Cronbach's α為.95〔**說明在本研究中的信、效度（必）**〕。
問卷題目內容如表3-1〔**將題目表列於論文中（選）**〕。
二、工作投入量表
　…（書寫格式同上）。

　　在工具介紹的撰寫內容上，一開始會說明你為什麼要施測這個工具，然後說明工具來源，是自編的還是使用別人的測量工具？如果是使用別人的，是出自哪篇文獻？然後再依序說明：向度、題數、反向題、作答形式、計分，過去研究之信、效度證據，進而說明在本研究中施測的信、效度情形。基本上把你的研究工具內容套進表6-5的格式中，依樣畫葫蘆，應該就可以很輕鬆地把每個工具介紹寫完了。

　　有一點要特別說明的是，表6-5範例的最後一句話是：「**問卷題目內容如表**3-1。」（底線處）這意思是說你在寫〈研究工具〉時，要把每個研究工具的內容，各自獨立用一個表格另外呈現在論文中。或許你會納悶，剛才不是說在附錄中要放一份完整的問卷，為什麼在工具介紹時，每個工具還要另外用表格去呈現它的內容呢？這樣不是重複了嗎？沒錯，但是這種重複是有意義的，因為這些另外以表格獨立呈現的工具內容，和附錄的整份問卷帶有不同的訊息。試想，假設你的研究使用了A、B、C三種測量工具，因此，附錄中的完整問卷裡就包含了A、B、C三種工具，但這三種工具在附錄的完整問卷中是混在一起的，那麼當未來有人只想使用A工具時，他能從附錄問卷中找出哪些題目是屬於A工具嗎？同樣的情形也會發生在任何閱讀你論文的人，包含你的指導教授和口試委員身上。當他們想看看A工具的題目內容時，如果去翻看附錄，會很不容易看出哪些題目屬於A工具、哪些屬於B工具等等。因此在〈研究方法〉中介紹每個測量工具時，順便把該測量工具的題目獨立列表呈現出來，對於閱讀者來說是比較清晰的，對整個論文閱讀的流暢性會很有幫助；而如果未來有人想使用你論文中的某個工具時，也可以輕易地找出他所需要的部分，這算是非常造福後人的好事。

(6.5) 預擬的資料分析方法

目前我們已經介紹完〈研究方法〉的三段基本格式了，包含「研究參與者」、「研究程序」和「研究工具」。有些學校會要求研究生先通過論文計畫口試（proposal meeting），才能開始寫論文；在這種狀況下，研究生必須先寫出一個「研究計畫」。研究計畫的〈研究方法〉撰寫和正式論文一樣，要包含「研究參與者」、「研究程序」和「研究工具」三個部分，除此之外還要多寫一段「預擬的資料分析」，去說明未來打算用什麼方法分析資料。它的寫法通常是針對研究問題或假設，一一具體地提出你打算如何分析它們、預期結果為何，範例如表6-6。

在寫研究計畫時增列「預擬的資料分析」這一小節非常重要，因為研究計畫的重點就是在執行研究之前，先評估這個研究是否可行、未來會不會發生什麼問題。我見過不少研究生，在花了許多時間蒐集完資料之後，才發現他們的資料必須用遠遠超出其能力範圍的統計方法去處理；或是即使能找到統計高手來協助分析，他們也沒有能力把這些複雜的分析寫清楚。這種「絕境」就是因為在蒐集資料之前，沒有對資料分析的方法預作規劃所造成的。

因此，寫研究計畫時，除了「研究參與者」、「研究程序」和「研究工具」之外，必須多寫一節「預擬的資料分析」。不過，值得注意的是，等到研究做完寫正式論文時，「預擬的資料分析」這一節要刪掉；因為在正式論文中，資料分析的方法會自然呈現在〈研究結果〉裡，此時就不需要「預擬的資料分析」了（都分析完了還有什麼「預擬」呢？）。其實不管你有沒有被要求先寫研究計畫，在蒐集資料之前先確認資料分析的方法，都是非常重要的；在這件事情還沒有弄清楚之前，千萬別蒐集資料！你要把「預擬的資料分析」想像成是在買大型傢俱，幾乎沒有人會在沒有規劃丈量前，就隨便去買大型傢俱；你一定覺得隨性地去買一套沙發，搬回家之後才發現客廳裝不

下，是一件很蠢的事。同樣的，花了大把的時間和力氣去蒐集完資料後，才發現你不知道該怎麼分析，甚至是沒有適切的方法可以分析，這是一樣糟糕的事。

表6-6

> 四、預擬的資料分析
>
> （一）假設一：「愛情為三因素結構。」擬以驗證性因素分析
> 　　　（confirmatory factor analysis）檢驗愛情量表之因素結構；研究
> 　　　者預期三因素結構之適配（fit）值應該優於單因素結構。〔用
> 　　**什麼方法分析？預期結果為何？**〕
>
> （二）假設二：「女性之浪漫愛傾向顯著高於男性。」擬以獨立樣本t
> 　　　檢定檢驗男、女性在浪漫愛量表得分上是否有顯著差異；預期
> 　　　女性之平均值顯著大於男性。〔**用什麼方法分析？預期結果為
> 　　何？**〕
>
> …

6.6　本章摘述

如同本章一開始提到的，〈研究方法〉是一本論文中最好寫的一章，因為它有公式可循，只要依照這公式，〈研究方法〉寫起來其實很輕鬆。不過話又說回來，本章所介紹的公式是大原則，它們適用於大部分的狀況，可以增加你論文寫作的便利性。但招式是死的，人是活的；真正論文寫作時，仍然必須依你論文的實際狀況去作調整。〈研究方法〉寫作的重點在於清晰完整地呈現出你的研究方法，而何謂清晰完整呢？你去想像有一個人瘋了，想重做一個和你一模一樣的研究，那麼他能不能根據你的〈研究方法〉內容去複製你的研究

呢？如果可以，那就是清晰完整了。綜而言之，寫作〈研究方法〉時的重點如下：

一、〈研究方法〉的書寫結構，會因為你的論文中只有單一研究，或是有多個研究，而有所不同。你應該要視自己的論文是單一研究或多個研究，而採用不同的結構。

二、無論是哪一種結構，〈研究方法〉都包含三段基本格式：「研究參與者」、「研究程序」、「研究工具」。

三、「研究參與者」必須呈現參與者的性別比例、年齡平均值、標準差，以及其他和研究有關的人口統計變項，和研究無關者不必呈現。

四、研究程序要詳細地交代研究的操作過程，詳見表6-3、表6-4。

五、研究工具要詳細地交代研究所使用的工具，詳見表6-5。

六、在研究執行前必須先想清楚，未來資料採用什麼方法分析；在不確定未來資料可以如何分析時，切勿進行資料蒐集。

CHAPTER 7

〈研究結果〉的撰寫

7.1 〈研究結果〉的撰寫結構

7.2 描述統計

7.3 主要研究結果及統計撰寫

7.4 其他研究發現

7.5 要嚴格區分〈研究結果〉和〈討論〉

7.6 本章摘述

哈利‧波特（Harry Potter）在霍格華茲魔法學校入學時的第一件事，是參加「分班測驗」。這分班，是由一頂稱之為分類帽（sorting hat）的魔法帽子來完成的。分類帽會根據一個人的特質，決定他屬於哪一個學院：勇敢的葛來分多、正直的赫夫帕夫、智慧的雷文克勞，或是狡黠的史萊哲林。當分類帽跳到哈利波特頭上時，哈利‧波特拚命的祈禱「不要史萊哲林、不要史萊哲林」，因為史萊哲林正是大反派佛地魔的出身之院；然而不論多麼用力的祈禱，哈利‧波特接下來只能屏氣凝神，等著分類帽作出最後宣判……。

雖然我已經在學術界打滾了一段時間，也做過不少研究，但每次資料蒐集回來之後，坐在電腦前，我都有和哈利‧波特一樣的心情。在操作統計軟體按下執行的前一刻，我心中總是拚命的祈禱「顯著、顯著、顯著……」，那樣的心情可用「一鍵天堂、一鍵地獄」來形容。當你的論文進行到這個階段時，體會過哈利‧波特被分類帽折磨的心情時，就是要進入撰寫〈研究結果〉的時候了；而不論你看到的結果是天堂或地獄，你都必須如實地把它描繪出來。

7.1　〈研究結果〉的撰寫結構

〈研究結果〉這章大概可以分為三個主要部分去依序撰寫：

（一）描述統計：指的是對各個研究變項的測量特性（信、效度）、平均值、標準差，以及各變項之間的關係，作一個簡單的初步描述。

（二）主要研究發現：指的是和你論文主要研究議題有關的研究結果。如果你的研究有研究假設，那麼就在這一部分呈現假設考驗的分析結果；如果你的研究是探索性的研究，那麼就在這一部分呈現你發現了什麼。

（三）其他研究發現：指的是和你的論文本來想回答的問題並沒
　　　有直接關係、但卻有趣的發現。

根據上述結構，〈研究結果〉這一章（或一節，在你有多個子
研究時，〈研究結果〉只會是一節，請回顧上一章）的可能結構如
下：

第一節　描述統計分析
第二節　主要研究發現
第三節　其他研究發現

上述格式中，第一節和最後一節是固定的，但第二節〈主要研究
發現〉則可以視你的研究假設（或問題）多寡而作一些調整。有時你
有非常多研究問題及假設；或是你的假設雖少，但每個假設都涉及了
複雜的統計分析及說明，這都可能使得第二節的內容過多，把這些內
容硬塞在同一節，在書寫上會過於龐雜，此時就可以考慮把「主要
發現」拆成幾節來寫，使得讀者在閱讀時更為清晰。但大原則是不
變的，都是依循「描述統計」、「主要研究發現」、「其他研究發
現」這三個主體來寫。以下進一步說明這三個主體的書寫。

7.2　描述統計

通常在〈研究結果〉的第一節，應該先對你研究中所有變項間的
關係，作簡單的描述。這些描述統計包含每個變項的平均值、標準
差、工具的信度、變項間相關等，如表7-1。

表7-1是一個相關矩陣，這個相關矩陣和你論文所探討的問題或
假設可能並沒有直接的關係，但還是應該把它整理呈現出來。這可以

讓讀者一開始就對你研究的變項間關係，有一個概括性的瞭解。對一個有經驗的研究者而言（如你的指導教授、口試委員），光是這樣的一個相關矩陣就透露出不少訊息，當你的某些研究結果不如預期時，他們有可能藉由這個相關矩陣看出到底發生了什麼事，有沒有什麼地方是你忽略掉的？是不是有什麼其他的分析策略，可以讓你看到不同的結果？因此，雖然表7-1稱之爲「描述統計」，聽起來好像沒什麼學問，但其實描述統計所攜帶的訊息，往往比複雜的統計更直接、更豐富。

　　另一個必須列出相關矩陣的原因，是由於相關矩陣可以複製出大部分的複雜統計；也就是說，未來別人可以藉由這個相關矩陣去檢驗你論文中的各種統計分析是否正確，也可以藉由這個相關矩陣去做他所感興趣、但你沒有做的其他分析。在論文中留下可以讓後人檢證的線索是科學的重要精神；孟德爾（Gregor Mendel）是一個悲慘的科學家，他著名的豌豆遺傳實驗爲現代遺傳學奠定了基礎，但他的研究直到死後三十年才獲得應有的重視，在他生前並沒有享受到遺傳學之父這個耀眼的桂冠。在孟德爾被「追諡」多年之後，英國著名統計學家費雪（Ronald Aylmer Fisher）重新分析了孟德爾論文中的實驗資料，發現孟德爾的資料「漂亮得不像是眞實的」，基於某些統計證據和推論，費雪懷疑孟德爾的資料可能是編造的；這件事成爲科學史上著名的公案，迄今仍有爭論。孟德爾公案展現的是一種科學精神，每一個研究都該是透明化的，容許也歡迎任何人來對論文中的資料提出質疑和檢證。就一本學位論文而言，這種透明化就是展現於相關矩陣，你藉由這個相關矩陣告訴大家，我拿這個學位問心無愧！

表7-1[i]

	M (SD)	α	題數	1	2	3	4
1.故事信念	6.66 (1.05)	.83	5	-			
2.一般信念	6.15 (0.88)	.94	5	.44***	-		
3.超自然現象 信念	32.73 (7.02)	.89	10	.11	.83***	-	
4.理性量表	23.27 (6.65)	.93	20	.05	.14	.21	-
5.經驗量表	15.64 (5.59)	.84	20	.18	-.10	.08	.01

*** $p < .001$。

　　在呈現描述統計的相關矩陣後，你要作簡單的說明。這邊有一個重要的論文寫作觀念，論文中絕不會只有出現圖表，卻對這個圖表沒有任何說明的情況；只要列出了圖表，你就有義務要說明為何列這個圖表，它的內容在說什麼。因此，你必須對這個相關矩陣作簡要的描述，這種描述大致上包含幾個部分：(1)對各工具信度作一描述；(2)對顯著而有趣的相關係數作描述；(3)對不顯著而有趣的相關係數作描述；(4)從相關係數，初步探討研究假設是否成立。其書寫範例如表7-2。

---

[i] 修改自：陳柏宏（2011）。*心理距離對超自然現象信念之影響：理性—經驗系統的調節效果*（未出版之碩士論文）。國防大學。

表7-2[ii]

> 表7-1針對研究架構各變項之平均數及標準差作一概略性描述，並呈現受試者在理性─經驗量表、超自然現象信念量表各向度的相關程度〔**說明這個表是什麼**〕。由表中可見，各量表內部一致性信度在.83～.94之間，皆處於可接受之範圍〔**簡要說明信度狀況**〕。在各變項間相關部分，一般信念與故事信念有顯著相關，$r\,(59) = .44$，$p < .001$，表示此二種信念之間並非完全獨立；一般信念與超自然現象信念有顯著相關，$r\,(59) = .83$，$p < .001$，顯示依變項本身的內部一致性頗佳〔**說明顯著的相關背後的意涵為何**〕。理性量表與經驗量表相關不顯著，$r\,(59) = .01$，$p = .99$，顯示兩個分量表是獨立的〔**說明不顯著的相關的背後意涵為何**〕。此外，超自然信念和理性量表之相關並不顯著，$r\,(59) = .21$，$p = .10$，這初步分析顯示，本研究所關注之假設似乎並不成立。〔**從相關分析初步檢驗研究假設是否成立**〕

(7.3)　主要研究結果及統計撰寫

在做完各變項的描述統計及相關分析後，接下來就是論文的重頭戲「主要研究結果」了。以哈利‧波特的例子來說，前面的描述統計相當於分類帽跳到哈利‧波特頭上時，吊觀眾胃口的喃喃自語：「哈利‧波特，你好像每個學院都適合啊」、「好難作決定啊」、「什麼，你不要史萊哲林」云云，很顯然這不是重點；重點是分類帽最後說出「葛來分多」這四個字，於是配樂響起，全場歡欣鼓舞，哈利‧波特被分到葛來分多去了。「主要研究結果」就是這個意思，它是你

[ii] 同前註。

論文裡重點中的重點。在「主要研究結果」這一部分，你要針對你的研究假設（或問題）逐一去說明：你用了什麼分析方法？得到了什麼樣的結果？符合預期嗎？

統計方法有非常多種，論文中常見的有t檢定、變異數分析（ANOVA）、迴歸（regression）、相關（correlation）、卡方（chi-square），當然你也有可能用到更複雜的統計。不論你使用哪一種統計方法，其實在研究結果的寫法上都差不多，通常包含以下這幾個部分：(1)先重述一次自己的研究假設（或問題），再次提醒讀者；(2)說明統計方法；(3)說明統計數值（包含統計值、自由度、錯誤率、效果量）；(4)若顯著，說明方向，並呈現描述統計值；(5)說明是否支持假設。表7-3分別以不同的統計方法為例，呈現上述五段格式。在此舉的例子是比較基本的格式，真正在寫作論文時必須依你實際的狀況去作一些調整，不過大原則不變，就是把前面提到的五個要素結合起來。由於各種統計分析的方式很繁雜，限於篇幅本書無法詳細列出所有統計結果的書寫方式，有興趣的讀者可以參閱本書的姐妹作《傻瓜也會跑統計》，裡面有詳細說明。

表7-3

---

t檢定

本研究的假設一是：「性別對擇偶時的愛情偏好有所影響，男性愛情偏好大於女性。」〔**重述研究問題或假設**〕以t檢定分析結果如表xx。〔**說明統計方法**〕研究結果顯示不同性別在愛情偏好上有顯著差異，$t(93) = 2.67$，$p = .009$，$d = 0.62$。〔**說明結果及統計數值，包含統計值、自由度、錯誤率、效果量**〕進一步分析顯示：男性（$M = 12.42$，$SD = 3.01$）擇偶時的愛情偏好高於女性（$M = 10.45$，$SD = 3.45$）。〔**若顯著，說明方向，並呈現描述統計值**〕因此整體而言，假設一獲得支持。〔**說明是否支持假設**〕

ANOVA

本研究的假設一是：「性別對擇偶時的愛情偏好有所影響，男性愛情偏好大於女性。」〔**重述研究問題或假設**〕以單因子變異數分析（ANOVA）分析結果如表xx。〔**說明統計方法**〕研究結果顯示性別對愛情偏好有主要效果，$F(1,93) = 7.15$，$p = .009$，$\eta2 = .071$。〔**說明結果及統計數值，包含統計值、自由度、錯誤率、效果量**〕進一步分析顯示：男性（$M = 12.42$，$SD = 3.01$）擇偶時的愛情偏好高於女性（$M = 10.45$，$SD = 3.45$）。〔**若顯著，說明方向，並呈現描述統計值**〕因此整體而言，假設一獲得支持。〔**說明是否支持假設**〕

相關

本研究的假設一是：「浪漫性和愛情偏好有正向關係。」〔**重述研究問題或假設**〕以積差相關分析結果如表xx。〔**說明統計方法**〕研究結果顯示浪漫性和愛情偏好之間有顯著正相關，$r (267) = .36$，$p < .001$。〔**說明結果及統計數值，包含統計值、自由度、錯誤率、效果量**〕表示愈是浪漫的人，其愛情偏好愈強。〔**若顯著，說明方向**〕因此整體而言，假設一獲得支持。〔**說明是否支持假設**〕

迴歸

本研究的假設一是：「浪漫性和愛情偏好有正向關係。」〔**重述研究問題或假設**〕以迴歸分析結果如表xx。〔**說明統計方法**〕研究結果顯示浪漫性對愛情偏好有顯著之預測力，$\beta = .36$，$p < .001$。〔**說明結果及統計數值，包含統計值、自由度、錯誤率、效果量**〕表示愈是浪漫的人，其愛情偏好愈強。〔**若顯著，說明方向**〕因此整體而言，假設一獲得支持。〔**說明是否支持假設**〕

卡方

本研究的假設一是：「不同性別在保險套使用態度上有所不同。」〔**重述研究問題或假設**〕。以Chi-square分析結果如表xx。〔**說明統計方法**〕研究結果顯示不同性別在保險套使用態度上有所不同，$\chi^2(1, N = 78) = 7.10$，$p = .008$。〔**說明結果及統計數值，包含統計值、自由**

度、錯誤率、效果量〕其中女性贊成使用保險套者（$N = 32, 79\%$）遠高於男性（$N = 20, 50\%$），表示女性比男性更贊成使用保險套。〔**若顯著，說明方向，並呈現描述統計值**〕因此整體而言，假設一獲得支持。〔**說明是否支持假設**〕

　　除了基本格式外，表7-3中有一些論文寫作要注意的地方。使用不同的統計方法在結果呈現的形式上會略有不同，這些差異包含：自由度有幾個、需不需要呈現樣本數、使用哪一種效果量指標等等。例如t考驗只有一個自由度，通常使用d作為效果量指標；而F考驗有兩個自由度，通常使用η^2作為效果量指標。不同的統計方法，其在論文中的呈現方式略有不同，但有固定格式，以表7-3為範例應該可以因應大部分的情況。至於這些符號數值的意義、內容，由於已超出本書範疇，必須去問問你的指導教授，或是參考一些統計書籍了。

　　另外一個值得注意的是機率值的寫法。p代表根據統計結果，作出某一結論時可能犯錯的機率，$p = .13$表示你根據統計結果作出了結論，但這個結論有13%的機率可能是錯的；目前APA格式的規定是要直接寫出機率值（如$p = .008$）。有時你跑完統計之後會發現在統計報表上的p是.000，於是你就寫上$p = .000$，但這是錯誤的寫法。任何一個研究結論都有犯錯的可能性，不可能出現$p = .000$的情形。你在統計報表上看到p欄位上的數值是.000，是因為犯錯機率太小，小到小數點三位無法表示出來，而不是犯錯機率等於零。因此遇到這種狀況，你要寫$p < .001$，而非$p = .000$。要記得，永遠不可能出現$p = .000$的情形。

　　在表7-3中每個例子的第二行，你都會看到「分析結果如表xx」這句話。前面幾個章節提過，學者之間有一種不成文的美感規則，論文寫作必須簡潔，因此在真正的學術研究報告撰寫上，凡是能夠不要另外列出表格呈現的，就儘量不要列表；但這個法則在學位論文時似乎不適用（我也不知道為什麼如此）。通常在學位論文中，大家會期

望你把每個統計分析都列出表格來，讓讀者讀起來更一目瞭然，因此實徵社會科學中的學位論文都充滿了許多表格。為了避免這些繁雜的表格讓人眼花撩亂，在此建議你的表格依論文的各章去作編號，也就是說，在第一章出現的表格編號依序為表1-1，表1-2，表1-3……，第二章出現的表格編號依序為表2-1，表2-2，表2-3……，以此類推。本書附錄二整理了學位論文中比較常用的一些統計表格供你參考；在論文寫作時，你可以根據附錄二選取所需的表格，這會讓你論文的品質更好。

7.4　其他研究發現

「其他研究發現」指的是一些和你研究主軸無關的其他分析，是論文中比較邊緣的部分。它並沒有非寫不可，如果你的研究中並沒有什麼有趣的其他分析，這一部分是可以不寫的。

有時候除了你所關心的研究問題之外，你還做了一些其他分析，並且發現了一些有趣的結果。例如我的一個學生，本來想探討人們如果用不同方式去思考擇偶對象，會不會造成擇偶時愛情偏好的不同，[iii]結果她所關注的主要研究假設完全沒效果；但是做了一些其他分析之後，她發現不同性別在擇偶時的愛情偏好上有差異，男生在擇偶時比女生更在乎愛情；這是一個有趣的結果，一般我們都認為女生比較在乎愛情，但為什麼研究結果卻和我們的直覺不符呢？在這個例子中，作者做了一個和她的研究主軸無關的分析，卻發現了有趣的結果，於是就可以在「其他研究發現」這個部分加以呈現了。

「其他研究發現」可以從很多不同角度切入分析，最容易想到的

[iii] 游知穎（2011）。*心理距離對擇偶時愛情偏好之影響：建構層次論觀點*（未出版之碩士論文）。國防大學。

是一些人口變項的差異分析，就像上個例子中分析不同性別在愛情偏好上的差異，這是最簡單的分析。當然也可以更複雜一點，例如：由於作者關注的是不同思考方式會不會影響愛情偏好，那麼就可以進一步去分析，這種傾向對男女生會不會不同？會不會對男生來說，思考方式不會影響愛情偏好，但對女生來說，思考方式會影響愛情偏好？類似這樣，「其他研究發現」指的是一些在你的主要研究問題（或假設）之外的分析，至於分析什麼則視你手上有哪些資料而定，它非常依賴你的創意和想像。

7.5　要嚴格區分〈研究結果〉和〈討論〉

在論文中，「研究結果」和「討論」是兩件完全不同的事，它們會放在不同的章節中。因此在寫研究結果時，要非常小心，不要把兩件事情混在一起寫。請仔細看表7-3中的例子，這些例子都只呈現研究結果，沒有提到任何研究結果背後的意涵。當研究符合預期時，你會在〈研究結果〉中說明分析結果支持你的假設，至於這結果所代表的意義為何？為什麼研究結果符合你的預期？這些都不需要在〈研究結果〉這一章中論述。同樣的，如果研究結果不符合你的預期，你就只是呈現這個結果，不必去說明這結果的意涵，也無須在此時說明為什麼結果不符合你的預期，那些都留待〈討論〉再去寫即可。簡而言之，就〈研究結果〉來說，哈利·波特分班考戲碼，在分類帽宣布哈利·波特被分到葛來分多時，就該結束。至於分類帽為什麼這麼做，這對後續故事可能有什麼影響，就都留待〈討論〉那一章再分說了。如果你在寫〈研究結果〉時就對分析的結果作出許多解釋，到了要寫〈討論〉時，你會發現自己沒有東西可以寫，只好一直不斷重複〈研究結果〉中曾經講過的東西，會使論文陷入一種老調重提的窘境。

7.6 本章摘述

一、〈研究結果〉這章可以分為三個主要部分去依序撰寫：(1)描述統計，(2)主要研究發現，(3)其他研究發現。

二、各種不同的統計分析結果有其各自規定的寫法，這些格式可參考表7-3。

三、各種常用統計表，可參考附錄二。

四、〈研究結果〉只呈現分析結果，不作進一步解釋；必須嚴格區分〈研究結果〉與〈討論〉。

　　最後，人們常說「人生之不如意十之八九」，這句話也適用於研究上：「研究結果之不如預期十之八九。」當分類帽跳到你頭上時，你有可能會被分到史萊哲林而非葛來分多，研究結果不一定符合你的期待。此時不要灰心失望，你要知道研究結果不符預期是很正常的。雖然我在跑統計前都會拚命祈禱：顯著、顯著、顯著，但還是常常得不到文昌帝君的眷顧；有時付出了很多心血，卻不一定能得到期望的果實。雖然我很不想說：「凡努力走過必有痕跡」這種陳腔濫調，但這是事實；研究過程嚴不嚴謹，遠比研究結果是否顯著來得重要。如果你在整個研究過程中作了努力，用嚴謹而科學的態度對待你的論文，那麼不論結果如何，這論文就是一本值得讓人大大讚許的論文，而你也就是一個值得令人尊重的研究者了。

CHAPTER 8

〈討論〉的撰寫

〈討論〉指的是對研究結果作進一步的解釋和說明，它是一本論文中最難寫的部分，這有三個原因：(1)〈討論〉的撰寫非常需要創意，嚴格說來，它並沒有什麼固定的法則或格式，因此，指導教授多半也不容易直接告訴學生該怎麼寫〈討論〉。(2)好的〈討論〉需要廣博的文獻閱讀和涉獵，這通常是研究生不容易做到的。(3)寫到〈討論〉時，多數研究生對論文的熱情（如果曾經有的話⋯⋯）已經消褪，又或者在歷經無數消磨後感到氣力放盡，此時難免會有想要趕快收工的心態。但是你必須撐下去，因為〈討論〉對一本論文來說很重要。你一定看過前半段還不錯、但結局爛得要命的電影，也可能看過前面索然無味、但結局破梗時卻讓你拍案叫絕的好電影，所以，即使你的研究想法很好，研究結果也漂亮，但如果〈討論〉寫得不好，會讓你論文的品質大打折扣；相對來說，即使你的研究結果很慘烈，只要〈討論〉寫得好，就足以扭轉人們對你論文的看法。

8.1 〈討論〉的結構

〈討論〉的撰寫結構可以用你的研究問題（或假設）去區分。例如，假如你的研究有兩個主要研究問題：(1) X1與Y的關係，(2) X2與Y的關係，那麼〈討論〉這一章的結構可以如下：

第一節　研究摘述
第二節　研究結果討論
　　　　壹、X1與Y的關係
　　　　貳、X2與Y的關係

參、其他研究發現

第三節 研究限制與建議

在上面這個例子中，第一節「研究摘述」，是對整個研究作一個簡單的整理和回顧。第二節是針對主要的研究發現作討論，這一部分可以分幾個段落來寫，如果你的研究有兩個主要研究問題，就寫兩個段落，如果有三個研究問題，就寫三個段落，以此類推；然後在這一節的最後一個段落，則是針對一些和你主要研究問題無關、但卻有趣的其他分析結果作討論。最後一節則提出研究限制與建議。在大部分情況下，這種撰寫結構會讓你的書寫比較清晰容易。

8.2 〈討論〉的第一節：研究摘述

在一篇論文中，有兩個地方最容易讓人簡要地看出這篇研究的全貌，一個是摘要，另一個就是討論的第一段。很多期刊論文會在討論（discussion）的第一段簡要地說明這篇研究背後的邏輯、做了什麼樣的事情、得到什麼結果，等這些研究摘述做完後，才開始真的對研究結果作討論。所以如果你想要快速理解一篇研究的話，去看看討論的第一段可能會很有幫助。同樣的道理，對一篇學位論文來說，在〈討論〉這一章的第一節，你也要先對自己的研究作一個摘述。你想想看，讀者在前面讀完〈文獻探討〉時，可能還知道你的論文想做什麼，但是接下來他開始讀你的〈研究方法〉，這裡面包含了整個研究設計、測量、程序等等，這時論文進入了比較「硬」的階段；看完方法後進入更硬的〈研究結果〉，裡面充滿了各種複雜的分析方法、統計報表，以及一堆奇怪的符號和數字。經過這些歷程，你覺得讀者還會記得你的研究到底在做什麼嗎？讀者（包含你的口試委員）是很難伺候的，他們非常健忘，常常讀到後面，已經忘了前面發生什麼事

情，尤其在歷經〈研究方法〉和〈研究結果〉這些火星文的折磨之後更是如此。因此，在〈討論〉的第一節先寫一段「研究摘述」，可以幫助讀者去回憶前面發生了什麼事，對於閱讀的流暢性非常有幫助。

那麼，這個「研究摘述」要怎麼寫呢？如果你有看體育節目的習慣的話，它有點像「今日職棒精華」或是「NBA Today」，基本上就是把在球場上兩、三個鐘頭所發生的事情，用十分鐘講給人家聽。你必須用比較短的篇幅，把整個研究背後的邏輯想法、研究過程、研究結果，重述給讀者看，例如表8-1。

表8-1[i]

第一節　研究摘述

　　本研究主要探討性別對擇偶偏好的影響，是否會受到死亡威脅的調節而有所差異。過去的研究顯示與異性維持親密關係，以及繁衍後代有助於個體降低死亡焦慮，而兩性選擇配偶的偏好會依各自的繁衍需求有所不同，例如男性會偏好年輕、貌美，或腰臀比例佳之女性；女性則偏好高社經地位，可以提供其足夠生養資源之男性。研究者依此推論：若繁衍後代可以有效幫助個體防衛意識到死亡所帶來的威脅，那麼當面對死亡威脅時，男、女在擇偶的條件上會有更大的差異，男性會更偏好具有生育能力線索之對象；女性則傾向選擇有能力撫養下一代的對象。**〔簡要說明研究背後的想法，以及研究主要探討的問題〕**

　　研究一結果顯示：（一）男、女受試者的擇偶偏好如演化論所預期，有所差異；假設一獲得支持。（二）「死亡威脅」和「性別」對「擇偶偏好」沒有產生交互作用效果，即假設二未獲得支持，當面對死亡威脅時，男、女性的擇偶偏好並未產生更大的差異。（三）檢驗

---

[i] 修改自：彭郁婷（2010）。*性別對擇偶偏好的影響：死亡顯著性的調節效果*（未出版之碩士論文）。國防大學。

操弄檢核發現，實驗組與控制組平均寫出與死亡有關的詞彙沒有顯著差異，死亡威脅的操弄未達預期效果。〔**以條列方式說明研究的主要結果**〕

　　研究二結果顯示⋯〔**以條列方式說明研究的主要結果**〕

　　除上述主要研究假設外，本研究另外發現⋯。〔**以條列方式說明研究的其他發現**〕

　　在表8-1的範例中，「研究摘述」主要是在寫兩件事：(1)再次告訴讀者，你的研究立基於什麼樣的想法，從這些想法所導引出的主要研究問題（或假設）是什麼。(2)簡述你的研究獲得了什麼結果；由於研究的分析和結果有時很複雜，會讓人眼花瞭亂，因此在摘述研究結果時，最好用條列的方式，讓讀者一目瞭然，這可以讓讀者對你的研究有快速而清晰的瞭解。第一節的〈研究摘述〉，相當於〈討論〉這一章的開場白，或是你可以把它想像成是連續劇的「前情提要」。不管你的論文是好戲連臺，或是歹戲拖棚，有了這「前情提要」之後，接下來就可以進入〈討論〉這一章的主體，也就是真正開始針對你的研究結果作討論了。

8.3　〈討論〉撰寫的兩個方向：「延伸」與「檢討」

　　本章一開始就提到，〈討論〉指的是對研究結果作進一步的解釋和說明。這個說法應該大家都聽得懂，但仔細想想實在很抽象，如何對研究結果作進一步的解釋或說明呢？這種進一步的解釋說明可以從兩方面來談：(1)延伸：如果研究結果符合你的預期，那麼除了這個結果，能不能再多說些什麼？(2)檢討：如果研究結果不符合你的預

期，那麼可能的原因是什麼？

　　雖然在作研究時，你會非常希望自己的假設獲得支持，最好在分析完資料後，你能臉上堆著笑意，心想：「果然一切都在本山人的神機妙算之中。」但到了要寫〈討論〉時，你會發現一件很諷刺的事：研究結果愈漂亮，〈討論〉就愈難寫。當研究結果不符合你的預期時，你可以花很多篇幅去談，為什麼研究結果和我預期的差那麼多？於是你開始努力懺悔：「由於施測過程不嚴謹，所以……」、「因為測量工具不夠精準，所以……」；或是你會開始怪別人：「由於受試者未認真作答，導致……」、「由於施測前幾天，有個人說世界末日快到了，影響了受試者的心情……」等等；因此當結果不符預期時，你有很多東西可以寫。然而，如果研究結果非常符合你的預期，這就表示你的研究沒有什麼問題了，以上那些東西就都不能寫了，那你還能寫什麼？這種窘境說明了一個問題：研究生常常誤解了〈討論〉的意思；看清楚，這一章是〈討論〉，不是「檢討」。很多研究生把〈討論〉等同於檢討，既然是檢討，當你的研究愈完美，就愈沒什麼好檢討的，於是就愈難寫出東西來了。然而，〈討論〉不完全等於「檢討」，它還包含了「延伸」，也就是前面提到的：「如果研究結果符合預期，那麼除了這個結果，能不能再多說些什麼？」表8-2就是「延伸」的例子。

表8-2[ii]

> 　　本研究的假設：「團體壓力對從眾行為有所影響」獲得支持。由本實驗的實際施測情境與以往關於從眾的研究對照，可發現一些促使假設成立的因素，包括：（一）團體大小：當同謀三人時的從眾效果最大；Asch（1956）研究中發現，當成員增加至三人時，團體對從眾

[ii] 修改自：陳湘蓉（2010）。*團體壓力對從眾的影響：涉入程度之調節效果*（未出版之碩士論文）。國防大學。

100

的傾向的影響也逐漸增加，但當團體成員增加至超過四人之後，團體
對從眾傾向的壓力反而開始降低；Wilder（1977）的研究也支持此說
法…（二）受試者年紀：Berndt（1979）發現10至18歲的青少年常有
配合同儕願望或屈服於同儕壓力的傾向，本研究以大學生為研究對
象，受試者多為一、二年級（約19、20歲）。研究者推論受試者年紀
較接近青少年，可能增加了團體壓力的效果。（三）公開作答：公開
作答亦可能是造成假設成立的原因…Crutchfield（1954）的研究中，實
驗組要公開說出自己的答案，而控制組則是獨自在紙上寫出答案。本
研究是採用讓受試者與同謀當眾說出自己答案的方式，由於公開表達
意見，認為自己的答案會被他人知道的情境之下，會讓人感受到更多
的壓力，使團體壓力的效果顯現出來。

在這個例子中，研究者本來的假設是：「團體壓力對從眾行
為有所影響」，而且這個假設在研究中獲得了支持，於是作者在討
論時對這個結果作了「延伸」，她進一步去探討：是哪些可能的原
因，造成了這個研究結果？於是根據過去文獻，她發現：（一）團
體大小，（二）受試者年紀，（三）公開作答，可能是造成此研究
結果的原因；這就是「延伸」。在你的研究結果符合預期時，你必
須對論文結果作進一步的延伸。簡單來說，你要問自己兩個問題：
(1)「什麼原因造成了這個研究結果？」(2)「除了我本來在〈文獻探
討〉中所提出的理由之外，有沒有其他的理由可以解釋這樣的研究結
果？」然後努力地去思考並回答這兩個問題，把你所得到的答案寫出
來，那就是「延伸」了。

表8-3則是「如果研究結果不符預期，那麼原因是什麼」的〈討
論〉書寫範例，也就是「檢討」的部分。在這個狀況下，你也要問自
己兩個問題：(1)「研究結果不符預期，是方法造成的嗎？如果是，
問題出在哪裡？」(2)「研究結果不符預期，是理論推導造成的嗎？
如果是，問題出在哪裡？」然後努力地去思考並回答這兩個問題，把

你所得到的答案寫出來，那就是「檢討」了。在這個例子中，作者先說明研究不符合預期的可能原因（實驗操弄太弱），然後再根據這個原因提出未來研究建議（建議未來可使用別種操弄方式）。

表8-3[iii]

> 　　整體研究顯示，本研究的假設一：「死亡威脅，會誘發受試者逃避死亡的傾向」，未獲支持，原因為何？…研究者認為，這可能是因為死亡威脅的操作效果不夠強烈，無法有效喚起受試者真正死亡威脅之感受。由於死亡威脅僅用兩題開放式問卷…因此研究者認為死亡顯著性操弄太弱，可能是造成假設一實驗效果不顯著之原因。〔**說明結果不符預期的可能原因**〕
>
> 　　在死亡威脅的操弄上，除了本研究所使用的方式外，亦有其他可勾起受試者死亡威脅效果的操弄方式。研究者回顧Greenberg等人（1994）的研究二，顯示若以發生過的死亡相關經驗來作為引發死亡威脅之問題，會比想像死亡相關想法有更好的效果。因此在作死亡威脅操弄時，可調整問題，問及受試者自己曾經親身參與過的死亡相關經驗…以增加死亡威脅操弄之強度。此可提供未來研究此一議題者參考。〔**根據前述原因，順便提出未來建議**〕

　　表8-3有一點特別值得注意：雖然在〈討論〉這一章的最後，會有一節獨立的「研究限制與建議」，但是其實在對研究結果作討論時，很難不順便提到對未來研究的建議。以表8-3為例，當你說實驗操弄太弱可能是本研究的限制時，自然就可以接著建議未來研究可以改善這個問題，這種寫法在邏輯上會比較流暢，也可以增加討論的深度。因此對研究結果作討論之後，適度地寫出研究建議並無不可，不必非得等到「研究限制與建議」那一節，才寫研究建議。

[iii] 修改自：唐寧（2009）。*穿著防護衣所引發之自我覺察感對死亡防衛之影響*（未出版之碩士論文）。國防大學。

8.4　〈討論〉也是一種文獻探討

　　本書有一章專門論述〈文獻探討〉的撰寫，〈文獻探討〉的書寫目的，是要依據過去文獻，去推導出你的主要研究問題或假設，因此它需要大量的文獻引用。〈討論〉其實也是一種文獻探討，只是這個文獻探討的目的是要去解釋你的研究結果；在寫〈討論〉時，必須以文獻爲基礎。要評價一篇〈討論〉寫得好不好，有一個非常簡單的判準——這篇〈討論〉引用了多少文獻。如果你看到一本論文的〈討論〉沒有引用什麼文獻，那不可能是一個好的討論，因爲這表示作者大部分的論述都是基於他自己的主觀想法。論文是一種「科學」作品，而科學的意思是一切都要盡可能有憑有據；因此當一篇〈討論〉使用的文獻太少時，通常表示這個〈討論〉品質不太好。此時，請你回頭看看表8-2，在短短的一個段落中，作者引用了四篇文獻。姑且不論作者寫的內容是否有理，這篇〈討論〉在文獻引用上就已經相當符合科學寫作的要求了；而這看似簡單的事，卻是很多學位論文沒有做到的。總之，在〈討論〉的書寫上，不能太過主觀，必須要有文獻支持。

　　如果〈討論〉必須引用文獻，那麼要引用哪些文獻呢？首先當然是舊有的文獻，你可以重讀自己在〈文獻探討〉中曾引用過的文獻。之前你在寫〈文獻探討〉時，閱讀文獻的目的，是想從文獻中鋪陳出研究想法和假設；現在你則要用另一種角度去重看這些文獻：「如果文獻這樣說，爲什麼我會得到這個結果？」這就是所謂的「與文獻對話」的意思——拿文獻中的說法來對照你的研究結果，兩者是否一致？有無共通點？有何差異之處？

　　除了曾讀過的文獻之外，你也可以重新搜尋一些新近的文獻。當然，對可能已經「氣力放盡」的研究生來說，要求你再去和惡魔（文獻）打交道，實在讓你很爲難；但在論文中引用最新的文

獻，對你的研究有非常大的加分效果。這就像你走在路上，衣服破破爛爛，整個人窮首垢面，但只要從口袋裡掏出一支最新的蘋果i-phone手機，整個人立刻變得有型。在〈討論〉中引用一兩篇最新的文獻，表示你的論文非常跟得上潮流，再爛的論文也因此有了時尚感。所以在〈討論〉中引用最新文獻，是個很好的撰寫策略。此外，在搜尋新文獻時，你也可能發現一些之前覺得不重要、現在卻很有助於解釋研究結果的文獻。如果你實在不想跟惡魔有什麼深交，那麼至少翻翻「惡魔年鑑」（文獻摘要）；即使只是把和你研究主題相關的一些論文摘要重看過一遍，也會對你撰寫〈討論〉非常有幫助，而這其實並不會花費你多少時間。

　　此外，重讀自己寫過的第二章〈文獻探討〉也是重要的。你的〈文獻探討〉是在之前寫的，在經過數個月（甚或數年）之後，你可能已經有了一些不同的想法，也有可能會看到之前沒看到的事，這些都可以作為撰寫〈討論〉的素材；重讀自己的〈文獻探討〉對撰寫〈討論〉會很有幫助，可能會帶給你意想不到的靈感。

　　前面提過，〈討論〉的撰寫之所以需要引用文獻，是因為科學寫作必須有憑有據。既然如此，有沒有什麼方法是不需要文獻，卻仍能把〈討論〉寫得有憑有據的呢？有的，就是利用你手邊的資料作為支持你論述的證據。如果你在〈討論〉中提出了一些可能想法，而你作了一些分析，發現分析結果支持你的想法，這種立基於實徵資料的〈討論〉會非常有說服力。不過要特別注意的是，用來支撐〈討論〉的資料分析不能占太多篇幅，更不宜特別把它們列出圖表去呈現，畢竟你是在寫〈討論〉，而不是寫〈研究結果〉，在〈討論〉中資料分析所占的篇幅太大，會讓你的〈討論〉結構變得有些怪異。表8-4就是一個以資料分析來佐證討論的例子。

表8-4[iv]

> 本研究原本預期「團體凸顯性」和「相對剝奪感」對內團體偏私有交
> 互作用效果，但此一假設未獲支持。研究者認為這可能是由於「團體
> 凸顯性」和「相對剝奪感」並非完全獨立的變項所致…本研究在探
> 討「團體凸顯性」和「相對剝奪感」之交互作用效果時，是基於二者
> 為獨立變項之前提，然而此一前提可能是錯誤的。在本研究中，「團
> 體凸顯性」與「相對剝奪感」，二個變項間有顯著的正相關，$r(76) =$
> $.24$，$p = .03$，顯示二者並非獨立，這支持了上述推測…這或許是本研
> 究結果不如預期的原因。

8.5　「研究限制與建議」的撰寫：「內在效度」和「外在效度」

　　〈討論〉的最後一節通常是「研究限制與建議」，這一節是你對
自己論文的「最後告解」，內容是要寫這篇研究有什麼不足，建議未
來研究可以怎麼做。具體來說，可以從內在效度（internal validity）
和外在效度（external validity）兩個方向去寫。所謂的內在效度，指
的是你的研究嚴不嚴謹，這包含(1)研究設計是否妥當？(2)研究工具
是否適切？(3)施測過程有沒有什麼瑕疵？表8-5是一個從內在效度的
角度來寫「研究限制與建議」的例子。

[iv] 修改自：楊亦喬（2010）。*主次團體凸顯性對內團體偏私的影響：相對剝奪感之調節效果*（未出版之碩士論文）。國防大學。

表8-5[v]

> 本研究以問卷法來檢驗轉型與交易型領導對LMX之影響，屬相關法研究，雖然有些假設獲得支持，但各變項之間只能以關聯性進行解釋，無法推論因果關係，為本研究限制之一。建議未來研究可以採實驗法進行，以得知各變項之間的因果關係〔**研究設計是否妥當**〕。另外，本研究使用工具多為自陳式量表，因此可能有社會期許問題…建議未來可採用內隱（implicit）測量，以克服此一問題〔**研究工具是否適切**〕。此外，本研究施測方式採團體施測，在施測當中，研究者極為注意施測程序的嚴謹，但仍有受試者不依指示填答問卷（如：未聽指導語便先行作答），再加上每人作答速度不一，速度快之受試者對未作答完的受試者多少產生干擾。建議未來研究在施測上可以避免團體施測，以減少受試者彼此干擾〔**施測過程有沒有什麼瑕疵**〕。

外在效度指的則是研究結果的可推論性，例如，如果你的樣本都是男生，那麼結果可以推論到女生嗎？如果你的樣本都是大學生，那麼可以推論到非大學生嗎？表8-6是一個在「研究限制與建議」中討論外在效度的例子。表8-6中值得一提的是，雖然以軍人為樣本的研究結果不能推論到一般人，這是一個很明顯的事實，似乎不需要特別引註文獻，但作者仍引用了文獻來說明這件事，這就是〈討論〉撰寫必須以文獻為基礎的一個好範例。

---

[v] 修改自：董文慧（2008）。*轉型領導與交易領導對於領導者與部屬交換關係之影響：價值觀相似性的中介效果及時間的調節效果*（未出版之碩士論文）。國防大學。

表8-6[vi]

> 　　本研究以軍隊為研究場域，受試者僅限於軍官，因此研究成果無法類推至其他場域。呂維理等人（2002）針對軍校生以及一般大學生的研究發現，軍校與一般大學在學生道德判斷思考的分數達顯著差異…因此，受試者是否具有軍事背景似乎會影響其道德判斷。此種道德判斷的差異，可能影響了本研究中和道德判斷有關的各種統計效果。因此本研究成果能否推論至非軍事情境，值得進一步討論。

　　最後，雖然之前提到「研究限制與建議」是你論文的「最後告解」，但其實並不是真的要你去用力懺悔。有時研究生以為在「研究限制與建議」裡，要儘量把自己說得罪孽深重，好像這本論文應該被列為什麼禁書，這是不必要的。如果某些研究限制是幾乎所有論文都無法克服的，就不要去寫它。例如，「**本研究採方便取樣，沒有做到完全隨機取樣，因此……**」這種研究限制就沒什麼實質意義；誰的論文能做到完全隨機取樣呢？如果你要研究的對象是學生，誰有本事叫全世界學生排排站，然後去抽樣所需的受試者呢？類似這種大家都無法克服的問題，就不需要寫了。其實，「研究限制與建議」最好的寫法，是寫出某些限制的同時，也提出這種限制是難以克服的，但是你已盡了最大努力去處理它了。表8-7就是這種「欲擒故縱」的例子。

表8-7[vii]

> 本研究之主題為領導，但受試者目前都仍是軍校學生，以學生為樣本可能無法推論到一般軍隊情境中，顯示出研究之外在效度不足。然而

[vi] 修改自：陳怡全（2009）。*死亡威脅對服從之影響：奇魅領導及命令特性之調節效果*（未發表之碩士論文）。國防大學，臺北。

[vii] 黃彥博（2010）。*心情與自尊對軍事領導者決策嵌陷行為之影響*（未出版之碩士論文）。國防大學。

若要以真正的軍事領導者為受試者，由於在軍隊中的領導軍官人數相對較少，加上各單位任務性質不同，要蒐集到大量的樣本並非易事〔說明要克服此一限制是很難的〕…然而即使如此，研究者在有限資源下仍盡可能地選取符合軍事脈絡下的樣本…〔說明我都已經這麼盡力了，不然你是想怎樣？大意如此，但語氣需謙和…〕

8.6 本章摘述

簡而言之，〈討論〉的撰寫結構及要領如表8-8。

表8-8

結　構	內　容	要　領
第一節 研究摘述	1.簡述你的研究立基於什麼樣的想法，以及從這些想法所導引出的主要研究問題（或假設）。 2.簡述你的研究獲得了什麼結果。	·盡可能採條列式。
第二節 研究結果討論	1.延伸：針對研究結果符合預期的部分作延伸。 2.檢討：針對研究結果不符預期的部分作檢討。	·必須以文獻為基礎。若能引用最新文獻最好。 ·重讀自己的〈文獻探討〉。 ·進行額外分析，作為佐證討論的基礎。
第三節 研究限制與建議	1.內在效度（研究設計、研究工具、研究過程）。 2.外在效度。	·盡可能以文獻為基礎。 ·若此限制是難以克服的，呈現出你的努力。

　　至此，你可能發現一件事——本章並沒有提到如何撰寫「研究貢獻」。研究貢獻其實並不算是〈討論〉撰寫的必備要求；我個人並不鼓勵學生在論文中特別寫一節研究貢獻。如同本書之前曾經提過的，即使是一篇登在最高等級期刊的研究，也未必能對科學進展有太多的貢獻。這世上曾有像愛因斯坦或佛洛依德那樣的時代巨人，一篇著作就對人類造成重大影響，但這種例子百年難見。常規科學（尤其是社會科學）是以非常緩慢的方式在進展，每一篇獨立研究的貢獻其實都有限；但是在撰寫「研究貢獻」時，為了凸顯研究價值，作者常常一不小心就會言過其實。因此，就一本學位論文來說，由於學位論文未必有多少實質貢獻，若要求研究生刻意去寫一節「研究貢獻」，他們會努力的想要去擠出東西來，而這可能會間接地鼓勵了學生去作誇大其辭的書寫。因此，站在科學訓練的角度，我個人並不期望研究生在論文中，用專節去撰寫研究貢獻。如果你覺得自己的研究真的非常有價值，或是你基於某些緣故非得寫一節研究貢獻不可，可以區分成兩個區塊去寫：(1)理論上的貢獻，(2)實務上的貢獻，這種結構應該會讓你寫得比較清楚。此外，在書寫上也應該更客觀持平，不要言過其實。當牛頓說：「我只是個在海邊玩耍的孩子，為了偶爾找到一塊漂亮的石頭或貝殼而感到興奮，但與此同時，卻有埋藏無限真理的海洋在我面前」時，你覺得你的研究貢獻能寫些什麼呢？

〈摘要〉與〈論文題目〉

你可能有過這樣的經驗：走進DVD或藍光出租店，看到某支影片盒子上的簡介寫得精采絕倫，於是你毫不猶豫的租了回去，然後滿心期待地開始看這支片子。看了半天，你覺得不太對勁，把盒子的簡介拿起來再看一看，這簡介是在講這支影片嗎？經過兩個小時之後，你終於把這影片看完了，然後你「看」聲四起（看、看、看……看完了），怎麼影片內容和盒子上的簡介差這麼多呢？以學術而言，這種情形就像是論文〈摘要〉和論文內容不相符的狀況。要把兩小時的影片，用簡短的一段文字講完並不容易；就像要把上百頁的論文內容，用簡單的言語交代清楚也有難度。不過這種困難只會降臨在沒有買這本書的人身上，你有買這本書，所以你沒這個問題。看完這一章，你就知道該怎麼做了。

9.1　〈摘要〉撰寫的規範

〈摘要〉撰寫是有規範的。〈摘要〉原則上不能超過一頁。有些學位論文的〈摘要〉寫了三、五頁，甚至更多，這是不對的。〈摘要〉的目的就是希望能讓人快速地理解這個研究，因此必須簡潔。試想你要搜尋文獻，由於無法一一閱讀，所以你只能藉由〈摘要〉來判斷某篇文獻是不是你要的；如果每篇論文的〈摘要〉都寫個三、五頁，對於想要快速理解一篇研究的你來說，是不是徒增很多負擔和困擾？因此，〈摘要〉必須簡潔，不應該超出一頁。

另外，〈摘要〉的書寫是不分段的。有時研究生在寫〈摘要〉時會分好多段，把研究問題寫在〈摘要〉的第一段、方法在第二段、結果在第三段，然後討論再寫一段，這也是不對的。〈摘要〉的書寫是不分段的，從頭到尾只有一段；這沒有什麼特別原因，純綷是因為

APA格式的規定。前面曾經說過，APA格式之於多數社會科學論文的寫作，就像聖經之於基督徒，佛法之於出家人；雖然學位論文的某些書寫結構未必要完全依照APA格式規定，但基於論文愈符合APA格式，其表面效度愈好的原則，建議你在撰寫〈摘要〉時不要分段。當然，如果你所屬領域所使用的論文格式並非APA格式，而是另有規定，那麼你就必須依照那個規範來寫〈摘要〉。

　　或許你覺得要把一本幾十頁、甚至上百頁的論文，濃縮在一張A4紙上，還不能分段書寫，非常困難。萬一你的論文做了好幾個子研究，那上述的〈摘要〉撰寫原則就更像是不可能的任務了。但其實沒那麼難。

9.2　〈摘要〉的要素

　　〈摘要〉主要包含下列五個要素：(1)研究背景，(2)研究問題或假設，(3)研究設計，(4)主要研究結果，(5)關鍵字。表9-1即是簡潔地展現出這五個要素的〈摘要〉撰寫範例。

表9-1[i]

摘要
本研究以「建構層次理論」（construal level theory）觀點切入，探討心理距離對於刻板印象的影響。綜觀過去的研究，刻板印象的程度高低會因內外團體而有所不同，人們對外團體的刻板印象高於內團體，這可能和思考方式有關，因為人們面對內團體時會用比較具體的

---

[i] 改寫自王秋鳳（2011）。*心理距離對刻板印象的影響：建構層次論觀點*（未出版之碩士論文）。國防大學。

方式去作思考，所以較少使用刻板印象。而「建構層次理論」主張思考方式受到心理距離的影響，當心理距離近，其思考較為具體；當心理距離遠，其思考較抽象〔**簡述研究背景**〕。因此，本研究探討「心理距離」對「刻板印象」的影響，假設當心理距離愈遠，其刻板印象程度愈高〔**簡述研究問題或假設**〕。共執行二個實驗，均採2（心理距離：近／遠）×2（內／外團體）完全受試者間設計；實驗一（$N = 115$）將內外團體受試者隨機分配至時間距離近／遠之情境，繼之測量對目標團體之刻板印象〔**簡述研究設計**〕，研究結果顯示心理距離對刻板印象並無主要效果〔**簡述主要研究結果**〕。實驗二（$N = 81$）研究設計同實驗一，但以電腦方式操弄時間距離〔**簡述研究設計**〕，結果發現心理距離對刻板印象產生主要效果，然此效果與研究假設相反，當心理距離愈遠，其刻板印象程度愈低〔**簡述主要研究結果**〕。

關鍵字：社會分類、外團體同質性、訊息處理〔**列出關鍵字**〕

　　表9-1的論文〈摘要〉只有不到五百個字，如果以一頁A4大約可以容納七至八百個字來說，這〈摘要〉放在一頁A4上還綽綽有餘，而且這篇論文還做了兩個子研究。所以要把一本百頁的論文濃縮成一頁的〈摘要〉，不只是做得到，甚至可以說做起來一點都不難。但具體來說，這樣的〈摘要〉書寫是怎麼做到的呢？這種寫作主要是依靠詞句的「專屬性」原則。

9.3　〈摘要〉撰寫的要領——善用「專屬性」詞句

　　所謂的詞句專屬性，指的是某個詞句專屬於你這個研究的程度。例如：「領導對一個組織的績效有很大的影響」，如果你讀一篇

論文〈摘要〉時，看到這句話，它對你理解這本論文有幫助嗎？應該不會有幫助。原因在於任何一本和領導有關的論文，都可以套上「領導對一個組織的績效有很大的影響」這句話，因此這句話並不「專屬」於這本論文，它對於說明這本論文的內容並沒有實質意義。同樣的，「刻板印象對人們的生活影響甚大」這個句子，只要是做刻板印象的論文都可以用這句話；「婚姻是人類的終生大事」，只要是做婚姻的論文都可以用這句話。因此，這些詞句都和單一論文的關係很弱，它們並不「專屬」於某一本論文，這些詞句都不適合寫在〈摘要〉中。如果把長篇大論的論文〈摘要〉，和簡潔的論文〈摘要〉作一個比較，就會發現冗長的〈摘要〉中充斥著很多不具專屬性的詞句，而簡潔的〈摘要〉中，這類字句很少。因此要把龐大的論文內容濃縮在一頁的〈摘要〉中，書寫時使用比較具有「專屬性」的詞句是關鍵，也就是要儘量讓〈摘要〉中的每個句子都和你的研究有很直接的關聯。

要加強詞句的「專屬性」其實並不難，只需要在書寫內容上作些變化就可以。例如，「領導對員工有很大的影響」這句話的專屬性非常低，所有作領導的研究都可以這樣寫；但是「轉型領導對員工有很大的影響」，多了兩個字，它的專屬性就提升不少，因為只有研究轉型領導的論文才能這樣寫。再稍微調整一下，「轉型領導對組織公民行為有很大的影響」，這詞句的專屬性又更強了，只有研究轉型領導和組織公民行為之間關係的論文，才會用此詞句。因此同樣的一個句子，只要稍作變化，就能使它更具「專屬性」，這使得你可以在不必增加篇幅的情況下，讓〈摘要〉更能表達出研究的核心主旨。

以表9-1為例，你可以發現裡面的詞句專屬性都很高：「本研究以建構層次理論（construal level theory）觀點切入【只有立基於建構層次理論的研究才能用此句】，探討心理距離對於刻板印象的影響【只有探討心理距離和刻板印象間關係的研究才能用此句】。

綜觀過去的研究，刻板印象的程度高低會因內外團體而有所不同，人們對外團體的刻板印象高於內團體【只有探討內外團體和刻板印象間關係的研究才會如此敘述】……」，以此類推。有了這樣的基礎後，你重讀表9-1的例子可能會感到神奇，從研究背景、研究設計、到研究結果，這個〈摘要〉幾乎每個句子的專屬性都很高。用白話來說，就是你幾乎看不到一句廢話，也很難刪去任何一句話。這表示這個研究生的〈摘要〉寫得非常好，當然，他的指導教授應該也功不可沒（沒錯，就是我）。

　　簡而言之，由於〈摘要〉的目的是要讓別人快速地理解你的論文，而且篇幅有限，所以在書寫時應該儘量使用「專屬性」高的詞句。〈摘要〉中大部分的內容，都要盡可能和「你這本」論文有直接的關係；當你〈摘要〉中專屬性高的詞句愈多，能和其他論文共用的詞句愈少，則這篇〈摘要〉愈好。當然，為了顧及讀者閱讀的流暢性，一篇〈摘要〉不太可能完全不使用專屬性低的詞句，但仍然要盡可能顧及這個原則，如此，你才能把一本厚厚的論文濃縮成只有一頁的摘要。

⑼.4 　關鍵字的選取

　　〈摘要〉的後面，通常會附上三至五個關鍵字。關鍵字的目的，是要讓需要的人在文獻搜尋時，更容易找到你的論文。假如你想要搜尋和領導有關的文獻，當你在資料庫輸入「領導」這個詞時，如果沒有作其他特別的設定，搜尋引擎會自動去比對一本論文的三個地方：〈論文題目〉、〈摘要〉和〈關鍵字〉，看有沒有出現「領導」這個詞；只要三者之中，任何一個地方曾出現過「領導」這個詞，那本論文就會被找出來。所以某種程度來說，只要你的〈論文題目〉訂定得夠好，〈摘要〉寫得夠精準，就足以讓需要的人找到你

的論文了，此時關鍵字甚至是不必要的。但有時也會出現〈論文題目〉和〈摘要〉並未完全涵蓋你研究主題的情形，這時關鍵字就發揮功能了，例如表9-2。

表9-2[ii]

死亡顯著性對支持領導者程度之影響：性別及領導行為之調節效果

摘要

　　本研究的主要目的在於以「恐懼管理理論」（Terror Management Theory, Greenberg et al., 1986）為基礎，探討部屬的「死亡顯著性」（mortality salience）、「領導者性別」、「領導行為」對「對領導者支持程度」的影響。研究一以國軍十一個連隊的士官兵（$N = 116$）為樣本，採用2×2×2三因子受試者間實驗設計，操弄「死亡顯著性」（有、無）、「領導者性別」（男、女）及「領導行為」（剛、柔）等三個獨變項，依變項為「對領導者的支持程度」。研究結果發現僅有「領導行為」對領導者支持程度有主要效果，受試者對柔性領導之支持程度高於剛性領導…

關鍵字：懼死因應論、性別差異、死亡威脅

　　表9-2的例子中，作者用了三個關鍵字：懼死因應論、性別差異、死亡威脅，這三個關鍵字都是在她的〈論文題目〉和〈摘要〉中沒有出現的。其中之所以加入「懼死因應論」這個關鍵字，是因為Terror Management Theory這個詞在臺灣有兩種翻譯：一種是「恐懼管理理論」，也就是作者採用的翻譯（見表9-2摘要內容的第一行），但因為這個詞也有人翻譯作「懼死因應論」，由於這篇論文的

[ii] 修改自劉幸智（2007）。*死亡顯著性對支持領導者程度之影響：性別及領導行為之調節效果*（未出版之碩士論文）。國防大學。

題目和〈摘要〉都沒有這個詞，萬一有人用了「懼死因應論」這個翻譯去搜尋文獻，這篇論文就不會被找到了，於是作者就把「懼死因應論」作為關鍵字。因此關鍵字的選定，有時是因為翻譯問題，例如「性格」（personality），有人翻譯作「人格」；「工作滿意」（job satisfaction），有人翻譯作「工作滿足」；「動機」（motivation）有人翻譯作「激勵」；類似這種同一個概念，中文翻譯卻各異的情形，在學術研究中頗為普遍。在論文撰寫時，為求整本論文的一致性，你會只採用其中一種翻譯，此時，你就可以把不同的翻譯當作關鍵字，如此就算有個人對某個概念和你的翻譯不同，他在搜尋時也不會錯過你的論文。這就是關鍵字的作用，它可以彌補〈論文題目〉和〈摘要〉的不足，增加論文被需要的人找到的機率。

除了翻譯的問題外，由於〈論文題目〉和〈摘要〉的篇幅、字數都非常有限，因此難免還是會發生有些和你的研究有關的字詞，卻沒有出現在題目和摘要中的情形。例如表9-2的研究探討的主題是「死亡威脅」和「性別差異」對領導的影響，但〈論文題目〉和〈摘要〉中卻沒有這兩個詞，於是作者也把它們設定為關鍵字。總之，關鍵字的目的是要補充〈論文題目〉和〈摘要〉的不足，你必須選定和你的研究相關，而題目和摘要中沒有出現的詞，作為關鍵字。相對來說，如果〈論文題目〉和〈摘要〉已經有出現的詞，就不應該作為關鍵字。

因此雖然本節一開始提到：〈摘要〉的後面通常會附上三至五個關鍵字，但嚴格說起來，關鍵字該有多少個，並沒有什麼特別規定，而是依你的研究需要而定。如果你的〈論文題目〉和〈摘要〉上已包含了所有重要的字詞，那麼你根本就無須再多設關鍵字；但是如果你覺得有太多和你研究有關的字詞，並未被包含在〈論文題目〉和〈摘要〉中，那麼設超過五個以上的關鍵字又何妨？但話說回來，如果有一大堆重要字詞都沒被包含在〈論文題目〉和〈摘要〉中，那不是很怪嗎？這可能表示你的〈論文題目〉訂得不夠精準，而〈摘要〉也寫得並不好。

9.5 〈論文題目〉的決定

　　這邊很適合來談一下〈論文題目〉。你可能覺得奇怪，〈論文題目〉在很早以前就決定了，怎麼現在這本書寫到快結尾了，才在談這件事。因為〈論文題目〉和〈摘要〉很像，它也是對整本論文的濃縮，所以放在這邊談很適合；這就是本書重頭到尾所強調的，論文寫作邏輯流暢性原則的實踐；在這裡談〈論文題目〉，邏輯的流暢性比較高，對讀者來說最容易理解。

　　前面提到，〈摘要〉是把論文濃縮成一頁，而〈論文題目〉則要是把論文濃縮成一句話；沒錯，是濃縮成一句話！「把論文濃縮成一句話」聽起來很恐怖，但其實很簡單。〈論文題目〉一定要包含兩個元素：(1)你研究中所有的變項，(2)變項之間的關係；只要這兩個元素完整，一句話就足以把你的論文講完了。所以，論文題目的選定，和本書前面曾經提過的「研究架構圖」其實是同一件事，只是研究架構圖是用一個圖去展現你的研究，而〈論文題目〉則是用一句話去展現你的研究。圖9-1和圖9-2的研究架構圖示範了，如何把研究中的所有變項，以及變項之間的關係寫出來，去形成〈論文題目〉。

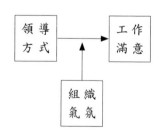

圖9-1 論文題目：

「領導方式」對「工作滿意」之影響：「組織氣氛」的調節效果

圖9-2　論文題目：

「領導方式」對「工作滿意」之影響：「組織氣氛」的中介效果

　　你看看圖9-1和圖9-2，都是用一句話就把研究中所有的變項表達出來，同時也表達出變項之間的關係，這就是訂定論文題目的要領：用一句話去表達出研究中所有的變項，和變項之間的關係。類似這樣去訂〈論文題目〉，讀者連〈摘要〉都不用讀，只要看到〈論文題目〉，他就會知道這本論文在做什麼；這就是把整本論文濃縮成一句話的境界。或許你會覺得圖9-1、圖9-2的研究架構都很簡單，萬一我的研究更複雜，怎麼可能用一句話就包含所有的變項和關係？可以的，請看圖9-3的論文題目範例，這架構夠複雜了吧。

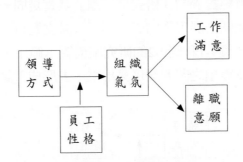

圖9-3　論文題目：

「領導方式」對「工作滿意」及「離職意願」之影響：「員工性格」的調節效果與「組織氣氛」的中介效果

　　當然，不同論文所探討的問題千奇百怪，本書無法窮盡一切可能的例子去一一說明，但訂定〈論文題目〉的大原則是不變的，就是要包含你論文中的所有主要變項，以及這些變項之間的關係。它的目的

無非是希望別人在看到這個〈論文題目〉時，能很快地知道你的研究在做什麼；它同時也是科學簡潔而精準風格的極致展現。

　　上述關於〈論文題目〉的訂定原則非常制式化，你可能會希望自己的〈論文題目〉不要那麼呆板，就像你希望自己的手機鈴聲、來電答鈴能和別人不一樣，希望在網路上有個不同凡響的暱稱帳號；難道〈論文題目〉就不能活潑一點嗎？可以的，畢竟這本論文可能是你人生的第一本（通常也是最後一本……）著作，你希望在〈論文題目〉上有點自己的創意也不算過分。使用一些比較炫的標題作為〈論文題目〉並無不可，但它只可以是裝飾品，不能是題目的全部。舉例來說，如果這本書的名字只有《傻瓜也會寫論文》這幾個字，那麼你不應該買，這表示這個作者連書的題目該怎麼訂都不懂，讓這種人來教你寫論文等同於請鬼拿藥單。《傻瓜也會寫論文》這書名有很多模糊的空間，它可能是在講一個傻瓜終於寫完論文的感人故事，或是在描述一個指導教授如何倒楣的收了一個傻瓜學生卻後悔莫及。《傻瓜也會寫論文》這名字很炫，但光靠這個名字，你不太能判斷出這本書在講什麼，所以這本書的名字不能只是《傻瓜也會寫論文》。為了讓讀者能在看到書名時，就知道這本書在寫什麼，於是我把書名取作《傻瓜也會寫論文：社會科學學位論文寫作指南》，它包含了一個有個人化特色的主標題（傻瓜也會寫論文），以及能清晰表明書中內容的副標題（社會科學學位論文寫作指南）。如果想要採用比較有特色的〈論文題目〉，就應該類似這樣。除了酷炫之外，必須確保讀者看了你的〈論文題目〉之後，能清楚地理解你的研究在做什麼。這通常會是一個主標題加副標題，例如，《我家也有溜鳥俠：父母教養方式和孩童尿床行為之關係》、《當梁山伯愛上羅密歐：同性戀者愛情類型對幸福感之影響》等等。

9.6　本章摘述

　　如果我問：你是否曾經從頭到尾讀完一本學位論文？我猜想多數人的答案是沒有。人們讀別人的學位論文時，通常只去選讀自己感興趣的部分。那麼，你覺得未來你的論文完成後，這世界上會有多少人從頭到尾讀過你的論文呢？合理的答案可能是四個人：你、指導教授、兩個口試委員。除了這四個人以外，你很難期望別人會完整地讀完你的論文。因此，你必須要能向別人快速地展現你的研究內容及成果，那就是〈摘要〉和〈論文題目〉了。而這兩個部分，也必然是你論文中「被瀏覽率」最高的部分。簡而言之，〈摘要〉和〈論文題目〉的撰寫要領如下：

一、〈摘要〉不能超過一頁，而且依據APA格式，在書寫上是不分段的。

二、〈摘要〉包含五個要素：(1)研究背景，(2)研究問題或假設，(3)研究設計，(4)主要研究結果，(5)關鍵字。

三、好的〈摘要〉書寫關鍵在於詞句的「專屬性」，也就是要盡可能讓〈摘要〉中的詞句和你的論文有很直接的關係，儘量避免可以和其他論文共用的詞句。

四、關鍵字的目的是要補充〈摘要〉和〈論文題目〉的不足，必須選取和你論文相關，但在〈摘要〉和〈論文題目〉中沒有出現過的字詞。

五、〈論文題目〉一定要包含兩個元素：(1)你研究中所有的變項，(2)變項之間的關係。

六、〈論文題目〉是整本論文的濃縮。如果想要採用比較活潑的論文題目，仍必須確保讀者看了〈論文題目〉之後，能清楚地理解你的研究在做什麼。通常會是一個副標題加主標題的形式。

CHAPTER 10

質化論文寫作：觀念篇

每個武俠小說的男主角，都有一個武功突飛猛進的時間點；對《笑傲江湖》的令狐沖來說，這個時間點是在他遇到風清揚的時候。令狐沖從小接受的是「氣宗」的教育，他相信高手應該以氣御劍，練就深厚的內功才是成為用劍高手的不二法門；但風清揚讓他看見了不同的觀點：用劍的極致境界在於招式的靈活變化，「劍術之道，講究如行雲流水，任意所至⋯⋯」，這正是「劍宗」的精神所在。金庸筆下的「劍宗」和「氣宗」，是對於劍術的兩種截然不同的觀點，如同「質化」和「量化」，是對研究的兩種截然不同的觀點。事實上，真正道地的「質化」和「量化」研究（後面你就會知道為什麼我在這邊特別強調「道地的」這三個字），比起「劍宗」與「氣宗」更加對立、更加互斥。本書的主體是以一般人所謂的量化研究論文去構思的，其實在〈研究動機與目的〉、〈文獻探討〉、〈討論〉這些章節，質化研究、量化研究在書寫時的大原則和精神是類似的；然而在〈研究方法〉和〈研究結果〉的書寫上，則有很大的不同。接下來三個章節將提供關於質化論文寫作的一些指引。

　　由於這是一本關於論文寫作的書，照理說關於質化研究的基本觀念介紹，在這本書中是不應該存在的（因為這不是一本探討研究方法的書），但是要理解質化論文的寫作，就必須先對某些觀念有所澄清，因此，我特別放上這個邏輯上不屬於本書範疇的章節。這也順道提醒你一件事，在論文寫作的過程中，必須一直很清楚地知道自己為什麼要寫某些東西、論文中的每個段落是為何而存在的。如果把論文寫作當作是一趟旅程，研究生背起行囊打算前往日本，卻不小心繞道到新幾內亞而毫無自覺是很常見的事；我很清楚自己正在繞道，但是為了你，我願意多走一段路。

(10.1) 質化vs.量化：你到底在說什麼？

　　大部分的研究生把「質化」、「量化」掛在嘴巴上時，其實並不是真的知道自己在說些什麼。你想想下面這些狀況：我們對受訪者進行了兩個小時的深度訪談，然後寫成逐字稿，接下來我們去計算逐字稿中，受訪者用了多少個「情緒詞」，說話過程中有多少次停頓，甚至去統計分析這些停頓和情緒詞之間的關聯強度；這是質化研究還是量化研究？或是，我們使用問卷、甚至是實驗法來做研究，然後要求受試者回答一些開放式問題，例如，「請寫下您對童年經驗的感受」、「請寫下您生命中所發生的重要事件，以及您對它的詮釋」，這是質化研究還是量化研究？

　　「質化」和「量化」這兩個詞之所以讓人困惑，是因為使用這兩個詞來描述不同派典的研究，是一種過度簡化的思維。就像你可以很天真地覺得這世上只有兩種人：好人和壞人，可是採用這種簡單的分類方式去看人，一定會在解釋事情時遭遇困難，你會發現每個人都有很多面向，在這件事情上是個好人，但在另一件事情上卻是壞人。你不能用好人、壞人這麼簡單的方式，來把人作非黑即白的分類；同樣的，你也不能用「質化」或「量化」這麼簡單的概念來把研究作絕對的區分。當你說自己的研究是質化或量化研究時，就像你在速食店點了「一號餐」。「一號餐」指的不是一個漢堡，也不是一杯可樂，而是一套東西，裡面同時包含了漢堡、可樂和薯條三樣東西。當你說你的研究是質化或量化研究時也是一樣，你在說的不只是一件事情（質化或量化），而是三件事情：「本體論」、「認識論」和「方法論」。也就是說，所謂質化研究或量化研究是一個套餐，裡面包含了本體論（漢堡）、認識論（可樂）和方法論（薯條）三樣東西；要理解真正道地的「質化」或「量化」研究之前，你必須先理解這三個概念。以下我盡可能簡要、並且從論文寫作的角度去陳述這三個概念的

意義：

一、本體論（ontology）：研究的目的是為了要找到客觀的真實（reality）嗎？簡單來說，如果有另一個人重複做和你一模一樣的研究，應該會得到類似的研究結果（有客觀的真實，不因研究者而異），或是可能產生一個差異很大的版本（沒有客觀的真實，不同的人做出來的研究結果不同）？

二、認識論（epistemology）：你和研究對象之間的關係，是避免互相影響的，還是允許互相影響的？簡單來說，在進行研究的過程中，你認為自己應該盡可能保持客觀，還是允許自己的主觀介入研究資料的蒐集和分析之中？

三、方法論（methodology）：這包含兩部分：(1)你用什麼樣的方法來蒐集資料？例如，問卷、實驗、訪談、或是觀察；(2)你採取什麼樣的資料分析策略？例如，統計分析，或是對文本作歸類。根據上面三個層次，可以把研究派典概略整理成圖10-1的樣貌。

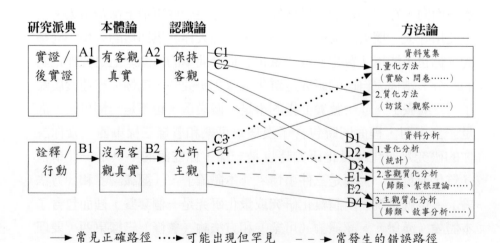

圖10-1 論文中常見各種研究派典之歸類路徑

圖10-1中所謂的研究派典（paradigm），指的是你的研究屬於哪一種流派。你可以把它想像成本章一開頭說的，你是「劍宗」還是「氣宗」。事實上，研究派典的分類及內涵比圖10-1複雜許多，圖10-1捨去了許多細節，簡化了一些事情；例如，「本體論」談的不只是研究目的是不是為了找到客觀真實，「認識論」談的也不只是研究者的主觀是否介入這麼簡單的事，這背後還有一些其他複雜的議題。圖10-1是針對學位論文最需要在意的事情所做的整理，並不完整。這就像APA格式厚厚的加起來有好幾百頁，本書在附錄一中幫你整理出論文最常用的部分，如此可以減輕你不少痛苦；圖10-1的用意也是如此，由於它是對質化、量化很簡要的陳述，因此非常有助於釐清一般研究生在質化、量化研究上的誤解。圖10-1將作為本章說明質化、量化研究的主要工具，請務必在說明到某些段落時回頭翻看這張圖。

10.2 你說的是質化「方法」，還是質化「研究」？

一開始要談的一個觀念是：多數情況下，研究生所謂的「質化」、「量化」，事實上談的是方法論的層次，也就是圖10-1中最右邊的那兩個方格。研究生最常有的想法就是：用實驗、問卷的就是量化研究，有跑統計的就是量化研究；用訪談、觀察法的就是質化研究，寫逐字稿、做文本分析的就是質化研究。如果做研究只需要在意研究方法，那麼這種分類方式就沒有什麼問題；但研究沒那麼簡單，研究要考慮的不只是研究方法，還要考慮你如何使用這些方法（認識論），以及這些方法想回答什麼問題（本體論）。例如，口試時口委問你：「我覺得你的訪談資料分析不太正確，裡面有太多你個

人的主觀意見……」聽到這提問，你臉上一抹輕輕的笑，自信滿滿地回答說：「因為本研究是一個質化研究，所以主觀介入是允許的，這有助於發掘出受試者的現象場……」這一整段聽起來言之有物的華麗陳述，可以拆解成兩個部分：

1. 第一句話：「因為本研究是一個質化研究……」（你心中的OS可能是：『既然我是用訪談法做的研究，當然是質化研究啊！』但請注意，你用了訪談法，這只表示你的研究在「方法論」層次上是質化研究。）

2. 第二句話：「……所以主觀介入是必要的……」（主觀介入與否是「認識論」的問題，這邊你突然從「方法論」的層次跳到「認識論」的層次了——是誰說用訪談法得到的結果就必然是主觀的？訪談資料的分析也可以很客觀啊！）

　　上面這個例子說明了：一般研究生在談「質化」或「量化」時，談的多半是「方法論」層次：「我用了某種方法，所以我的研究是質化（或量化）研究。」然而，使用哪一種研究方法，是整個研究在層次上最低的部分，它並不是決定你的研究之所以是某個派典的原因。就像信佛教的人會去寺院參佛、信基督教的人會上教堂禱告，但佛教和基督教的差異絕對不是去寺院或上教堂，而是它背後的深層教義——你宣稱你的論文是某一種研究，絕不是因為它使用了某種方法的關係，而是因為這篇論文所立基的「本體論」、「認識論」使然。在做論文研究的過程中，你必須很清楚自己在「本體論」（有沒有客觀真實）和「認識論」（研究過程中是否允許主觀介入）的立場，因為這個立場會貫穿你的整個研究——從問題意識、研究的設計、乃至於資料的分析及研究成果的呈現，都受到「本體論」和「認識論」立場的影響。

　　由於研究包含「本體論」、「認識論」和「方法論」三個層次，缺一不可；而「質化」和「量化」這兩個詞，通常只是很狹隘地在指稱質化或量化的研究方法，因此接下來我們就不太適合再用這兩個詞溝通了。接下來我將使用更精確的語言，「實證／後實證」研

究 vs.「詮釋學／行動」研究，來進行討論，而不再使用「質化」、
「量化」這種容易造成混淆和誤解的說法。

(10.3) 研究派典：漢堡配薯條、麵線配臭豆腐

　　請看圖10-1，在從「研究派典」通往「本體論」，以及從「本體
論」通往「認識論」的路上，不同的研究派典都只有一組箭頭（A1,
A2或B1, B2）。這意思是說某一種研究派典，必然只有一種「本體
論」立場，必然只有一種「認識論」立場，而且某一種「本體論」
立場必然搭配某一種「認識論」立場，A1必然搭配A2，而B1必然搭
配B2。如果你的研究是屬於「實證／後實證」派典，那麼表示你的
研究想探討的問題有客觀的眞實（本體論），而且你在做研究的過
程中將努力保持客觀（認識論）。相對來說，如果你的研究是屬於
「詮釋／行動」派典，那麼表示你所探討的問題沒有客觀眞實（本體
論），而且在做研究的過程中允許主觀介入（認識論）。「實證／後
實證→有客觀眞實→保持客觀」這三件事是永遠在一起的，你不能說
研究目的是要找到客觀眞實，卻在研究時允許自己的主觀介入；同樣
的，「詮釋／行動→沒有客觀眞實→主觀介入」這三件事是永遠在一
起的，你不能說自己的研究沒有客觀眞實，卻在做研究時努力保持客
觀。

　　這種「綁定」說來其實很合理，當你宣稱你研究的現象有客觀眞
實時（實證／後實證研究），就像名偵探柯南常說的：「眞相永遠只
有一個」，意思是不論誰來做這個研究，最後都會看到同樣或類似的
結果，此時，你當然要避免自己的主觀影響了研究結果，你必須努力
保持客觀，才能找到那唯一的眞相，一旦你的主觀介入，就會污染
了那唯一的眞相；所以，「客觀眞實」的本體論必然搭配「保持客
觀」的認識論。相對來說，當你宣稱你研究的現象沒有客觀眞實時

（詮釋／行動研究），意思是所謂真實是很主觀的，每個人因為他自己的生命經驗及背景不同，會產生不同的詮釋，即使針對同一現象所做出來的研究結果也會不同；此時，主觀介入不只是允許的，而且應該被凸顯和強調，因為它有助於發掘出同一現象的各種不同樣貌。所以，「沒有客觀真實」（有人稱之為「相對真實」）的本體論，必然搭配「允許主觀介入」的認識論。

　　因此，在研究上你必須選邊站，你必須在「實證／後實證→有客觀真實→保持客觀」或「詮釋／行動→沒有客觀真實→主觀介入」這兩大組合套餐中二選一，而且只能「套餐」二選一，不能自由搭配。這就像你正考慮要去速食店或是麵攤用餐，如果你選了速食店，會出現漢堡加薯條這種組合；如果你選了麵攤，會出現大腸麵線加臭豆腐的組合。你不能想在速食店點漢堡加臭豆腐，或是在麵攤說要吃大腸麵線加薯條。一旦決定了你的研究派典，就同時表示你對你研究的「本體論＋認識論」一次作出了選擇。以圖10-1來說（請務必回頭看看那張圖），選了「實證／後實證」，你就只能走A1接A2這條路；選了「詮釋／行動」，你就只能走B1接B2這條路；在這之間沒有任何叉路可以走。

　　到此，你可能會覺得我幹嘛囉囉嗦嗦講這麼複雜，這和你的論文有什麼關係嗎？很有關係！就像我之前說的，你的「本體論」和「認識論」立場會貫穿整個論文。通常所謂的「量化」論文，指的是「實證／後實證」的論文，因此走的是有客觀真實、保持客觀的路線（A1, A2）。一般來說，做「量化」論文的研究生不太需要去注意自己的「本體論」和「認識論」，「本體論」和「認識論」的一致性在量化研究中會很自然地發生（在量化研究中要讓「本體論」和「認識論」不一致，反而很不容易）。但對想做「道地的」質化研究（詮釋／行動研究）的研究生來說，「本體論」和「認識論」互相衝突以至於論文最後四不像的情形相當普遍。也就是說，有很多以為自己在做質化論文的研究生走進速食店，然後對著店員說：「給我一份漢堡加臭豆腐。」

10.4 本體論、認識論、方法論必須一致

　　雖然從「研究派典」走向「本體論」，以及從「本體論」走向「認識論」時，不同的研究派典都只有一條單行道可以走；但從圖10-1也可以看到，從「認識論」走向「方法論」時有許多叉路。這意思是說，不論你做哪一種派典的研究，在研究方法上，你可以有非常多自由的選擇，也就是雖然大腸麵線加臭豆腐的組合是固定的，但是你可以選擇用刀叉或筷子來品嚐它。

　　以下我們將談研究派典和「方法論」之間的關係。在理解「方法論」的問題之前，必須先區分出「方法論」中的兩個層次：(1)「資料蒐集」層次：這指的是你用哪一種方式來蒐集資料？像是量化研究中常用的問卷、實驗，或質化研究中常用的訪談法等等。(2)「資料分析」層次：這指的是你得到的資料如何分析？像是量化研究常用的統計分析，質化研究常用的文本分析、歸類等等。區分出「資料蒐集」和「資料分析」這兩個層次非常重要，接下來閱讀圖10-1中關於「方法論」的說明時，你一定要把這兩部分區分開來。（我猜想你讀到這邊開始累了、覺得吃力了，但是讀完這一章可以省去讀好幾本質化研究的書，堅持下去絕對值得！！）

　　首先談「資料蒐集」的層次，圖10-1中的C1～C4代表的是不同派典和不同「資料蒐集」方法的結合。C1是「實證／後實證」研究採用量化資料蒐集法，C2是「實證／後實證」研究採用質化資料蒐集法，C3是「詮釋／行動」採量化資料蒐集法，C4是「詮釋／行動」採用質化資料蒐集法。這四種組合都是正確的，也就是說，不論你做的是哪一種派典的研究，你都可以採用量化的資料蒐集法（如實驗、問卷……），或質化的資料蒐集法（如觀察、訪談……），不會因為用錯方法而造成什麼錯誤，派典和不同的資料蒐集方法之間的搭配是全然自由的。不過雖然理論上是如此，但實際上卻有「對

味」與否的問題，你可以堅持用刀叉來吃臭豆腐，但也難免會覺得怪怪的，吃臭豆腐用筷子似乎順手一些。研究派典和不同的資料蒐集法之間的搭配，也有可能出現「不對味」的情形，這種情形尤其發生在「詮釋／行動」研究，卻採用量化（實驗、問卷）的資料蒐集法時（C3），理論上這種組合並沒有錯，但極為罕見。這問題可以作很深入的探討，但純粹就學位論文來說，它幾乎不太可能發生，因此我建議你忽略這種可能性。比起「詮釋／行動」研究採用量化研究法（C3）的罕見，「實證／後實證」採用質化研究法（C2）則是很常見的研究模式；也就是說，就算你的研究採用質化研究法來蒐集資料（如觀察、訪談），也並不代表它就一定是屬於「詮釋／行動」研究，觀察、訪談法用在「實證／後實證」研究中是常有的事。我再次強調，就算你用訪談法、觀察法來做研究，也不代表你的研究是真正的質化（詮釋／行動）研究，你的研究和一般人所謂的量化（實證／後實證）研究在本質上可能是完全相同的。界定出你的研究屬於哪一種派典的關鍵，並不是你用了什麼方法，而是你的研究所立基的「本體論」和「認識論」為何。

　　還記得我說過，談方法論時一定要把「資料蒐集」和「資料分析」分開來吧。以上談的是派典和「資料蒐集」之間的關係，接下來要談派典和「資料分析」之間的關係，這是做論文時最常出狀況的環節。圖10-1中的D1～D4表達的是研究派典和正確的「資料分析」之間的關係。「實證／後實證」研究可以採用量化（統計）的方法去分析（D1），也可以用質化的方法去分析（D3）。不過這邊要特別注意，此時的質化分析必須符合「實證／後實證」的「本體論」（有客觀真實）及「認識論」（保持客觀）立場，因此通常會採用一些客觀的分析策略，例如，依據一些標準程序，對文本資料作嚴謹而有系統性的分析（這就是所謂的紮根理論，grounded theory），或是（研究生常常如此）憑自己的感覺去作一些歸類，然後企圖說服別人，你的歸類是接近真實的；甚至會找所謂協同研究者，然後提出就算是換個人來分析，他的分析結果也會和你很雷同之類的證據。總之，「實

證／後實證」研究並非只能採用量化分析（D1），也可以採用質化的資料分析方法（D3），但是這種質化分析必須和它背後的「本體論」、「認識論」一致——由於是基於「實證／後實證」立場的研究，因此在作質化分析時，必須採取一種盡可能保持客觀的立場。

如同「實證／後實證」研究一樣，「詮釋／行動」研究也可以選擇要採用量化或質化的分析方法。不過這裡面也有一些「對味」的問題：理論上，「詮釋／行動」研究採用量化的分析方法（D2）是有可能的，然而這種情形在學位論文中極少發生，因此我建議你忽略它。絕大多數情況下，「詮釋／行動」研究會採用質化的分析法，但是「詮釋／行動」研究所採用的質化分析法（D4）和「實證／後實證」的質化分析法（D3），在做法上是截然不同的。你仔細看，D3是指向客觀的質化分析；就像前面說的，為了符合「實證／後實證」派典的立場，這種質化分析是採取一種儘量客觀的歸類方式。然而，「詮釋／行動」研究的質化分析（D4）並不是指向客觀的質化分析，而是指向主觀的質化分析。也就是說，在分析資料時，「詮釋／行動」研究為了符合其本體論（沒有客觀真實）和認識論（允許主觀介入），分析的目的並不是要找出一個一致公認正確的分析結果（沒有客觀真實，就沒有所謂一致公認的正確版本）；「詮釋／行動」研究的資料分析並不是為了要發掘某些客觀知識，而是研究者想用他自己的方式去理解研究對象、帶給讀者一些共鳴和感受（詮釋），甚或想藉由論文來造成自己、讀者或研究對象的改變（行動）。因此，「詮釋／行動」研究採取的是一種相對上比較沒有明確結構的資料分析方法。簡而言之，同樣是採用質化的分析方法，「實證／後實證」的質化分析，和「詮釋／行動」的質化分析，並不是同一種分析；前者走的是「保持客觀」路線，後者走的是「主觀介入」路線。

總之，在探討「方法論」的問題時，要把「資料蒐集」和「資料分析」兩個部分分開來看。不同的派典，無論使用哪一種「資料蒐集」方法，都不會造成「本體論」、「認識論」和「方法論」不

一致的問題，但是派典和「資料分析」就不能任意搭配了。「本體論」、「認識論」和「方法論」的衝突不會發生在「資料蒐集」的層次上，但卻很有可能發生在「資料分析」的層次上，而這正是學位論文寫作常常出錯之處。

10.5 精神分裂的E1和E2

　　以上所談的都是正確路線，接下來我們來談談兩條錯誤路線E1和E2。這是圖10-1中唯二錯誤的兩條線，也就是論文中應該避免的兩條路線。它們之所以是錯誤的原因很簡單，就是研究者所使用的「方法論」和他的「本體論」、「認識論」是衝突的；這種錯誤特別容易發生在採用訪談法的研究上。以E2來說，如果你研究的立場是「實證／後實證」的派典，相信有客觀真實，也強調在研究中應該保持客觀，然後你用了訪談法（走A1, A2, C2路線），到目前為止都沒有問題，但在分析資料時你突然說：「因為本研究是個質化研究，因此研究者的主觀不但無法避免，而且應該被強調……」於是你在資料分析的時候不再謹守應該盡可能保持客觀的立場，而是完全憑自己的主觀想法來分析資料，也不在意別人就同一筆資料能不能分析出和你一致的結果，你最後甚至寫了一個動人的生命故事想打動人心；你的研究就這樣「走鐘」了。

　　「因為本研究是個質化研究，因此研究者的主觀不但無法避免，而且應該被強調……」這段話可以拆解成兩個部分：

　　前半段：「因為本研究是個質化研究……」（這句話很模稜兩可，精確來說，你的研究只是用質化研究法中的訪談法去操作的「實證／後實證」研究。）

　　後半段：「因此研究者的主觀不但無法避免，而且應該被強調……」（這個說法是錯的，既然這是一個「實證／後實證」研

究，就必須在資料分析時保持客觀，並不會因為你用的是質化的訪談法，就改變了你的本體論和認識論立場。）

因此，E2這個路線的問題在於「本體論」、「認識論」和「方法論」三者是不一致的。E1之所以錯誤也是基於同樣的道理，你一開始宣稱自己的研究是一個「詮釋／行動」研究，研究目的並非想發掘客觀的真實（本體論）、研究過程中允許主觀的介入（認識論），但是在資料分析時（方法論），你突然不自覺地用一種客觀的方式在作分類或陳述，想找出一個「正確」的分析版本，寫作時不時顯露出「別人來分析這文本也會得到類似結果」的語氣，於是你的「方法論」偏離了原初的「本體論」和「認識論」。這就像有一個人宣稱自己是一個虔誠的佛教徒，他深信因果輪迴、善惡有報；你問他說：「你覺得自己為什麼這一生會遭遇這麼多苦難啊？」他回答說：「那是因為我上輩子和一位異性友人在花園散步時，遇到一條蛇，牠誘惑我們吃了一顆不該吃的果子，所以佛祖懲罰我來這世間受罪……」這時候你可能會懷疑這個人是一個神經病，他明明說自己是個佛教徒，怎麼突然搬出了亞當、夏娃和依甸園的故事？當你論文的「本體論」、「認識論」和「方法論」三者不一致時，這本論文就是處於這樣一種精神分裂的狀態。

或許有些人會認為，為什麼研究派典必須從頭到尾一致呢？把它們混合運用、截長補短不是很好嗎？「這正是所謂『混合研究法』的精妙之處啊！」你望著遠方寓意深遠地這麼說。很多人對這種所謂「混合研究」、「質量互補」的觀點有所誤解。請務必再回頭看看圖10-1，「實證／後實證」和「詮釋／行動」這兩個派典的本體論是互斥的，一個認為有客觀真實，一個認為沒有客觀真實；同樣的，它們在認識論上也是互斥的，一個認為要儘量保持客觀，一個認為可以允許主觀介入。這就是本章一開始提到的，真正「道地的」量化（實證／後實證）和質化（詮釋／行動）研究，比《笑傲江湖》中的「劍宗」、「氣宗」更加對立，它們在本體論、認識論的立場上是完全相反矛盾的。因此就單一論文來說，在「本體論」、「認識論」的層次

上是沒有所謂「混合研究」、「質量互補」這一回事的（兩個完全對立互斥的東西無法結合），「混合研究」、「質量互補」只可能發生在「方法論（中的資料蒐集）」層次上：這其實也就是前面說的：不管是什麼派典的研究，你愛用質化或量化的「資料蒐集法」都可以，甚至要把兩種方法混合一起用也沒什麼問題，但是研究的「本體論」、「認識論」和「方法論（中的資料分析）」三者立場必須始終一致，不能任意混搭。

(10.6) 我該做質化論文還是量化論文？

「我該做質化論文還是量化論文？」如果你現在還這樣問，表示你仍沒有跳脫過度簡化的質、量思維。事實上，精確的問法應該是：「我該做『實證／後實證』的論文，還是『詮釋／行動』的論文？」

這個問題需要考慮很多條件。首先，你的指導教授是劍宗的風清揚，還是氣宗的岳不群？絕對不要選擇和指導教授不同的派典；或是倒過來說，你應該找和你相同派典的老師當指導教授。其次是個人興趣和風格的問題；你是很能忍受模糊的人嗎？你能想像沒有客觀真實是什麼樣的狀況嗎？在選擇不同研究派典時，有一些華麗的陷阱。當研究生對所謂質化、量化研究仍然一知半解時，常常對質化研究在本體論和認識論上有一些美麗的誤解。通常狀況是這樣的：

本體論：「我的研究是不是想要找到一個客觀的真實？」（研究生的OS：當然要選「不是」啊！沒有客觀的真實，研究就沒有所謂對錯，這樣論文比較不會受限，從各個不同的角度去寫都是OK的，感覺比較有彈性。）

認識論：「我在進行研究的過程中，希望保持客觀，還是允許主觀介入？」（研究生的OS：當然要選「允許主觀」啊！要保持

客觀很綁手綁腳，允許主觀介入比較能自由發揮，而且不時還可以寫寫自己的人生經驗，寫起來會比較過癮。）

　　以上這類想法不能說有錯，但多少有些過度的天真樂觀。「詮釋／行動」研究絕對不是可以讓你愛怎麼寫就怎麼寫的論文，也不是那種你可以寫得很過癮的論文，事實上，寫「詮釋／行動」的論文是比較痛苦的。純就難度來說，「實證／後實證」的論文比較好寫；這有兩個原因，首先在結構上，「實證／後實證」研究的操作有很明確的步驟可以依循，在論文寫作上也有很既定的格式；相對來說，「詮釋／行動」研究不論在研究的操作上，或論文的寫作上，它的結構都比較鬆散模糊，也就是你不太能依樣畫葫蘆地去完成論文。對經驗不足的研究生來說，寫論文的過程中有一個清晰可依循的步驟，相比於處處缺乏明確的指引，何者比較簡單，不言而喻。「詮釋／行動」研究吸引人之處在於你不必依循既定的規範，但它的難處也在於你沒有既定的規範可依循；「成也彈性，敗也彈性」。就難度而言，「實證／後實證」研究的論文比較容易完成，花的時間也會比較少。

　　再者，要寫出一篇「沒有客觀真實」的論文沒有你想像中簡單，即使是一個很熟練的「詮釋／行動」研究者也未必能完全做到這件事。假想有一位「詮釋／行動」研究者，得到了以下的訪談資料：

　　　　「我覺得我工作這麼多年下來，因為我被認定的一個重要的特質就是說，我很有人緣，這一向是我的強項……工作幾年啦？10年了吧……我已經很習慣面對這樣的自己，久而久之……」（A-001）

　　根據這段訪談稿，研究者可能在論文中寫出了這樣的分析：「A內心深處明白自己的某些正向特質，但因為與這些特質朝夕相處，久而久之將這些美好的能力與特質視為理所當然，平時未加留意，透過訪談的過程中，他重新認識了自我……」你仔細看上

面這段分析，這段分析其實暗示著一種「客觀真實」的意味，雖然沒有明講，但作者在寫作時不自覺地透露出一種態度：「我的分析說出了這段訪談稿的『真正意涵』（客觀真實）。」換個角度來說，要對一段訪談內容進行詮釋，卻又必須做到「沒有客觀真實」，那會是什麼樣子呢？由於我們從小就活在「有客觀真實」的世界觀中，因此要完全以「沒有客觀真實」的立場去寫東西是非常困難的；就像你無法去想像所謂的「四度空間」是什麼樣子，因為我們有生以來都活在三度空間的世界裡，你很難用四度空間的方式來描述事情，所以要做「詮釋／行動」研究比想像中困難很多。然而，如果你對「詮釋／行動」研究非常有興趣，希望寫這種派典的論文，也不必讀到這邊就打退堂鼓；正因為完全道地的「詮釋／行動」研究是困難的，這類論文在書寫時不自覺地寫成「有客觀真實」的意味，是很普遍的現象。我讀過的幾乎每一篇「詮釋／行動」研究論文，多少都會有受到客觀「污染」的情形，因此你要努力在論文研究的過程中，提醒自己保持「本體論」、「認識論」和「方法論」的一致性，但不必苛求要做到百分之一百的完美境界。

(10.7) 武無高低、人有強弱

最後，「實證／後實證」的研究好，還是「詮釋／行動」的研究好呢？顯而易見地，這個問題的答案是「不一定」。就像電影《霍元甲》中，李連杰所說的：「世上武功沒有高低之分，習武之人卻有強弱之別。」研究者的素養決定了研究的優劣，而這個素養，包含了你的研究方法及技術能力，以及最重要的：你維持「本體論」、「認識論」和「方法論」一致的能力。不管哪一種研究，論文最後反映的是你這個人的研究素養；質化、量化不是影響研究品質的因素，人才

是決定因素。劍宗有「獨孤九劍」[i]，氣宗有「紫霞神功」，使得厲害時各擅勝場。就像論文寫作人人可教，但教的人素養如何才是重點；從這個角度來看，你可以說《傻瓜也會寫論文》是論文寫作的《葵花寶典》──糟糕，寫到這邊我突然想到，《葵花寶典》的作者……是個太監。

(10.8) 本章摘述

一、人們在談「質化」、「量化」時，說的往往只是研究方法（問卷、實驗、統計、訪談）。這種不精確的語言造成了研究觀念的誤解。

二、研究包含「本體論」（有沒有客觀真實？）、「認識論」（是否允許主觀介入？）、及「方法論」（使用什麼資料蒐集及資料分析策略？）三個層次，不能化約成狹隘的質化或量化研究法。

三、不同研究派典的「本體論」和「認識論」是綁定的。「實證／後實證」研究相信有客觀真實（本體論）、認為研究過程中應儘量保持客觀（認識論）；「詮釋／行動」研究認為沒有客觀真實（本體論）、研究過程中允許主觀涉入（認識論）。

四、在思考「方法論」的問題時，應該把「資料蒐集」和「資料分析」這兩件事分開來看。不同研究派典可以自由地使用各種（質化、量化）的「資料蒐集」法，但只能使用特定的「資料分析」方法。「實證／後實證」研究使用客觀取向的資料分析方法，「詮釋／行動」研究使用主觀取向的資料分析方法。

五、研究必須保持「本體論」、「認識論」和「方法論」的一致性，三者不一致是論文中常犯的錯。

---

[i] 其實獨孤九劍並不是「劍宗」的武學，而是獨孤求敗的絕學之一，只是這絕學出現在「劍宗」那段故事的脈絡下，所以讀者常誤以為它是劍宗的武功。

CHAPTER 11

質化論文寫作：操作篇Ⅰ

上個章節介紹不同的研究派典時，曾經用很多不同的方法比喻道地的質化（詮釋／行動）和量化（實證／後實證）研究，例如，劍宗與氣宗、基督教與佛教，甚至是大腸麵線配臭豆腐。其實關於質化和量化研究，有一個更貼切的比喻，就是中醫和西醫。量化研究比較像西醫，同一種病雖然每個醫生的看法可能略有出入，但在正常情況下一致性很高，不同醫生使用的名詞術語、診斷方式，乃至於治療方式具有很高的共通性。質化研究比較像中醫，雖然是同一種症狀，但每個中醫的看法可能大不相同；這個大夫說你身體濕寒、脾腎陽虛，那個大夫說你氣血不足、經絡阻滯，另一位大夫則說你陰陽失調、五行相剋。簡單來說，量化研究對於論文該如何寫是比較有共識的，因此在寫作上有比較固定的模式可循。質化論文沒有什麼大家很公認的寫法，它的寫作格式也處於一種莫衷一是、各說各話的狀況。你可以想像，如果有一個人跳出來說他要一統中醫界，要為中醫問診治病的方式找出一套共同的規則，肯定會引發一票撻伐之聲，甚至被逐出醫界；現在有個人說要教研究生一套關於質化論文寫作的固定格式，你說這個人的下場會是什麼？萬一（而且我預期有不低的機率）你聽到有人說《傻瓜也會寫論文》的作者根本就是邪魔外道、妖言惑眾時，你要記得我是為了你而背負黑名的。

以下我將以趙舒禾（2014）的博士論文：《局外見證者引入身心障礙兒家長支持團體之研究：多元視框觀點》為範例[i]，並對其中一些段落作適度修編，來說明質化論文的寫作原則。之所以採用這篇論文，是因為我需要大量地引用質化論文寫作的範例，所以我先徵求了這篇論文作者的同意。這邊要順道提醒你，學術引用是必須很謹慎的；關於學術引用的問題，在本書第四章〈文獻探討〉中有說明。

---

[i] 趙舒禾（2014）。*局外見證者引入身心障礙兒家長支持團體之研究：多元視框觀點*（未出版之博士論文）。國立臺灣師範大學。

在開始之前，我先簡單說一下這篇論文中的「局外見證者」是什麼意思。粗略來說，局外見證者就是在團體諮商中，有一個局外人在旁邊觀察，並且重述他在團體中所看到的，以及有所共鳴之處；過去有一些學者認爲這樣可以增加團體諮商的效果。其實到底什麼是「局外見證者」和本章內容完全無關，我之所以在這裡先作解釋，是因爲預期你接下來讀到這個名詞時可能會感到困惑，而這會干擾你對本章的理解——論文寫作時，考慮到讀者的感受和認知負荷是很重要的。

（11.1） 研究動機與目的

雖然質化研究和量化研究在「本體論」、「認識論」和「方法論」上並不相同（見前章），但它們在〈研究動機與目的〉及〈文獻探討〉的撰寫原則上相當類似。因此，關於質化研究的〈研究動機與目的〉及〈文獻探討〉的撰寫，你可以回頭再翻看一下本書第三、四章的書寫原則介紹。

如同本書〈研究動機與目的〉那一章說過的，研究「動機」指的是：你爲什麼要做這個研究；而研究「目的」指的是：這個研究回答了什麼問題。我先談「研究目的」，再回頭談「研究動機」。質化研究的「研究目的」書寫和量化研究幾乎是一樣的：必須【清晰地】說明你的論文想要回答什麼問題。我這邊特別誇張地標示出【清晰地】這三個字，是因爲「不清晰」是質化論文寫作常犯的錯，而這種錯誤不只出現在〈研究動機與目的〉中，也常常出現在〈研究方法〉、〈研究結果〉等等章節中。千萬不要誤以爲你寫的是質化論文，就可以使用模糊的論述；科學不是禪學，無論是質化或量化，沒有「可以意會、無法言傳」，或是「不可說、不可說」這一回事。

例如表11-1的例子，作者在〈研究動機與目的〉這一章一開始

就寫出了這個研究想要回答什麼問題，然後在這章節最後結束時，又再次【清晰地】說明想要回答什麼問題；如果你對照第三章的表3-1（p.28），就會發現質化論文和量化論文，在「研究目的」的書寫結構上是很類似的，都是為了要讓讀者清晰地理解：「這個研究想要回答什麼問題」。我要再次強調【清晰地】非常重要，能夠清晰地寫出「研究目的」，表示你有很清楚的問題意識；而就像本書第二章所說的，清楚的問題意識是研究的起點。問題意識（也就是「研究目的」）就像太陽系中的太陽，論文的各個部分如同周圍的行星，〈研究動機與目的〉、〈文獻探討〉、〈研究方法〉、〈研究結果〉及〈討論〉都是以「研究目的」為中心，圍繞著「研究目的」而運行的；如果你連自己的「研究目的」都寫不清楚，你的論文就會像是一個崩解的星系，散布著破碎的星球碎片。因此不論是質化或量化論文，【清晰地】表達出「這研究想要回答什麼問題」非常重要。

表11-1

　　本研究主要目的是希望探討敘事治療中「局外見證者」（outsider witness），對身心障礙兒家長、局外見證者本身，以及專業人員等，可能帶來的改變經驗，以此作為未來研究與實務工作的參考。

　　…〔中間論述了幾頁之後〕…

　　基於上述研究動機與目的，本研究從局外見證者引入身心障礙兒家長支持團體中的三種角色視框（團體成員/局外見證者/團體帶領者），探討以下問題：

一、局外見證者介入後，團體參與者產生哪些改變？

（一）局外見證者介入後，團體成員產生哪些改變？

（二）局外見證者介入後，局外見證者產生哪些改變？

（三）局外見證者介入後，團體帶領者產生哪些改變？

二、團體參與者的改變如何發生？

…

　　談完了〈研究動機與目的〉的「研究目的」部分，接下來要談「研究動機」。「研究動機」指的是：你爲什麼要做這個研究。就質化研究來說，通常是寫兩件事：「本研究如何補足過去研究之不足」和「研究者自身的經驗」。

一、本研究如何補足過去研究之不足？

　　這一點，質化和量化論文是類似的（請參閱本書第二章）。不過，質化論文在書寫「本研究如何補足過去研究之不足」時，通常會更強調幾件事：**(1)過去研究忽略了研究對象的主體性**，例如：「過去研究在探討身心障礙兒父母壓力時，通常以變項的方式探討壓力形成的前因及後果，忽略了當事人對這些事件的感受及詮釋，本研究從身心障礙兒父母的觀點出發……。」**(2)過去研究忽略了現象的脈絡性及歷程性**，例如：「過去研究通常將現象切割成多個變項，欠缺對現象整體脈絡性的考量，本研究以敘事分析的方式進行研究；此種研究取向有助於提供更深刻的資料，尤其有利於發掘具脈絡性、歷程性及互為主體性的訊息……。」**(3)本研究對研究對象的意義及可能作用**，例如：「從過去研究當中，研究者發現讓身心障礙兒父母敘說照顧子女的生命經驗，並經由他人的經驗與回饋……他們得以發掘出被忽略卻帶著力量與價值的新的自我認同……使其能夠從孩子身心障礙的事件中重新定義自己的價值、對自己有新的理解與發現……。」

　　簡而言之，強調研究對象的主體性、重視脈絡及歷程、希望對參與者帶來省思與改變，這些是質化（詮釋／行動）研究的主要特色，因此通常在「研究動機」中會特別強調這些部分；你可以選擇三個都談，或是以其中一、兩個爲主要的訴求，這要視你研究主題的現況而定。

二、研究者自身的經驗
★

在書寫「研究動機」時，這一點是質化論文和量化論文非常不同之處。量化論文中的「研究動機」幾乎不會去談研究者個人的興趣，即使有時在〈研究動機與目的〉中寫到一些個人的動機，也只會作為引言或楔子，篇幅很少；就像本書第二章說過的：「論文中所謂的〈研究動機與目的〉，指的並不是對作者本身而言的動機與目的，而是對整個學術社群而言的動機與目的。」然而這是指對量化論文而言；質化論文在撰寫「研究動機」時，個人的動機是被允許的，有的人甚至認為一定要對這一部分作清楚的交代才行。這種對「研究動機」的不同想法，反映的正是上一章所提到的：量化（實證／後實證）和質化（詮釋／行動）研究在「認識論」上的不同；在質化（詮釋／行動）研究中，既然主觀介入是允許的，那麼在論文中交代自己的主觀想法（尤其是生命經驗）就是必要的，所以，你選擇這個研究主題的個人理由就可能是研究動機的一部分。例如表11-2，作者就描述了他自己的生命經驗和這本論文之間的關聯性。

表11-2

研究者以個人生命經歷敘說，作為本研究之緣起：以身心障礙兒父母的心理適應作為本研究主題，我想跟我骨子裡俠義與柔軟的心腸有關…我似乎從小就很容易感受到人們緊繃的臉部線條與抿緊的嘴唇背後，所承受的煎熬與忍耐。也許是因為這樣，當我與身心障礙兒父母一起工作之後，才發現到我們的社會因為對他們與他們的孩子的不理解，使得這群盡心努力的父母一次又一次地經歷到受傷與委屈…我在構思博士論文的研究主題時，這群父母的身影一直盤桓在我心中無法抹去。我發現自己內心一直有個動力，渴望找到一個可能的互動方式，讓我與這群父母相遇的過程中，能讓彼此發現存在於生命中的力量與智慧。因此可說是這群父母面對困境的韌性與生命力觸動了我，然後才有了本研究的開始。

（11.2） 文獻探討

　　質化論文的〈文獻探討〉怎麼寫呢？有一種比較極端的看法是：質化論文不必寫〈文獻探討〉。這是因為有些學者認為，既然質化研究的目的是要發掘研究參與者的主觀世界，那麼就不應該帶著「成見」去進行研究，而文獻就是一種成見，進行文獻探討可能會「污染」你那純白無瑕的思維，因此有人主張質化論文不應該寫〈文獻探討〉。如果你的指導教授持的是這種觀點，那你就賺到了，在你的論文中應該不會有〈文獻探討〉這一節；而如果你的指導教授不是這種人，那麼你可以選擇趕快換指導教授，或是接著往下讀。

　　質化論文的〈文獻探討〉和量化論文的寫法幾乎是一樣的，可以使用本書第四章所說的「架構填充法」去書寫，也就是：(1)先列出你打算寫幾節；(2)列出每一節的標題是什麼，作為未來書寫的基礎；(3)將之前讀文獻時所作的筆記填入各節之中，再作潤飾及統合。在進行完上述三個步驟後，接下來再以「過去」、「現在」、「未來」三個順序去寫，也就是去書寫：「『過去』文獻說了什麼」，「和我『現在』這本論文有何關聯」，「接下來（未來）我要說些什麼」。（請參考第四章。我不是偷懶，也沒有在騙錢，而是關於這種書寫模式在第四章已經寫得很清楚了，請務必回頭看看。）表11-3是這種書寫方式的範例，你可以對照第四章的表4-5（p.47），就能理解質化、量化論文在〈文獻探討〉的書寫方式上是很類似的。

表11-3

（第一段）…局外見證者是由Michael White於1995年所提出的，其基本概念是邀請某些對當事人有意義的對象，例如類似背景的人，以在場觀眾的方式，重新敘說當事人的生命故事中引發他們共鳴之處…〔**過去：過去文獻說了什麼**〕

（第二段）…從過去身心障礙兒父母團體的相關研究發現，團體成員在相似背景的團體當中彼此分享自己的經歷，同時扮演分享者與聆聽者，會帶來療癒效果…〔**過去：過去文獻說了什麼**〕

（第三段）…因此研究者認為，要觸發身心障礙兒父母重新建構其自我概念，在團體中引入局外見證者是可嘗試的做法。然而，過去以局外見證者為諮商介入的相關研究相當少，有關局外見證者的論述多見於敘事治療的專書中，在身心障礙兒父母的相關領域則尚未見到類似的研究…〔**現在：和我現在這本論文有何關聯**〕

（最後一段）…在探討此一議題時，本研究同時蒐集家長、局外見證者及治療師三方的資料，期望提供多方視角之觀點。以下將對這種多元視框觀點作進一步說明。〔**未來：接下來我要說些什麼**〕

第二節　以多元視框探討局外見證者之效果

…

11.3 研究方法

質化論文的〈研究方法〉書寫相當複雜，而且和量化論文有很大的差異，在談這件事情時需要花很多的篇幅，並不適合現在談論它。如同本書第三章曾舉過一個例子，論文作者像是一個導遊，帶領讀者漫遊在他的研究世界中；我現在正帶領你走在「質化論文寫作」這個森林中，如今我們在森林中遇見了一個雄偉的城堡，這個城堡得花很多時間才能逛完，如果我現在帶你走進城堡會讓你忘了森林，因此我們必須先繞過它。〈研究方法〉的寫作，我另外獨立寫在本書第十二章中。

(11.4) 研究結果

　　質化研究的〈研究結果〉書寫，一樣可以用前面提到的「架構填充法」去書寫，也就是：(1)先列出你打算寫幾節；(2)列出每一節的標題是什麼，作為書寫的基礎；(3)將你所蒐集到的資料（例如，訪談所得的文本資料），放入各節之中，再作潤飾及統合。

　　雖然大原則是如此，但要如何知道自己該寫幾節？而每一節又該寫些什麼呢？這再次顯示出【清晰地】說明「研究目的」是非常重要的，因為「研究目的」是書寫〈研究結果〉的主要依據。如果你的研究目的很不清晰，寫〈研究結果〉對你來說可能會是一場夢魘，你會感到不知從何著手；但如果你的「研究目的」是清晰的，那麼就可以直接以「研究目的」產生〈研究結果〉的書寫架構。以表11-4為例，由於這個研究的「研究目的」是要探討「……將局外見證者引入身心障礙兒家長支持團體中，對三種角色（身心障礙兒家長、局外見證者本身，以及專業人員），可能帶來的改變經驗【研究目的一】，以及這種改變是如何發生的【研究目的二】……」（請回頭看表11-1，粗仿宋體的部分）。所以它的〈研究結果〉就應該依據這些研究目的去書寫[ii]。從表11-4可以看見（劃底線處），第一節對應的是第一個研究目的，第二節對應的是第二個研究目的，由此可見，〈研究結果〉的書寫架構是依據「研究目的」去形成的；〈研究結果〉必須緊扣「研究目的」，這是一個很重要的書寫原則，你在寫〈研究結果〉時應該謹記在心。當然，要讓〈研究結果〉對應到「研究目的」的組合很多，未必是每一個研究目的剛好對應到每一節，也有可能是把研究目的拆成兩個部分，讓兩節對應一個研究目的

[ii] 在趙舒禾（2014）論文中的〈研究結果〉並不是以表11-4的結構去寫的，這個結構是寫在她的〈討論〉之中，但為了符合本章的陳述，我將它們改寫到〈研究結果〉這一部分。

等等，這要視你的研究主題，及手邊的文本有多麼豐富而定。無論如何規劃，〈研究結果〉必須緊扣「研究目的」這個大原則是不變的。

表11-4

第四章　研究結果

第一節　引入局外見證者後的改變〔**主架構一**〕

本研究主要關切的第一個問題是，家長團體中引入局外見證者的參與者，在經歷該見證過程之後，發生了哪些改變？從「局外見證者」視框而言〔**次架構1-1**〕，研究結果呈現以下的改變…從「家長團體成員」視框來說〔**次架構1-2**〕，研究結果發現的改變為…從「團體帶領者」視框而論〔**次架構1-3**〕，研究結果呈現的改變為…

第二節　引入局外見證者後的改變如何發生〔**主架構二**〕

本研究主要關切的第二個問題是，家長團體中引入局外見證者的參與者，在經歷該見證過程之後，改變如何發生？…從「局外見證者」視框而言〔**次架構2-1**〕，…從「家長團體成員」視框來說〔**次架構2-2**〕…從「團體帶領者」視框而論〔**次架構2-3**〕…

　　以上談的是如何形成書寫的「主架構」，在主架構下如果再區化出「次架構」，會讓你的書寫更有方向性，不會在寫〈研究結果〉時顯得雜亂無章。所謂的「次架構」，是對書寫結構作更細緻的規劃；具體來說，是指在每一節下面，你打算「用什麼『單位』去鋪陳你的書寫？」所謂的單位，可以是「人」、「時間」、「事件」等等。以表11-4的第一節「引入局外見證者後的改變」為例，這一節可以把「人」作為單位，去分別書寫每一個（或每一類）研究參與者的改變情形；也可以把「時間」作為單位，說明在引入局外見證者之前、之中、之後三個時間點的改變情形；也可以用「事件」為單

位，描述在引入局外見證者的過程中所發生的重要事件等等。從表11-4中的粗體字可以看見，這個作者是以「人」為單位，分別就「局外見證者」、「家長團體成員」、「團體帶領者」三類對象作為書寫單位，這是因為這個研究的重點是「三方視框」，也就是三類不同研究參與者的觀點，因此基於研究目的選擇了這樣的書寫架構。你可以根據以下三個條件來判斷該選擇何種「次架構」：(1)哪一種次架構最符合研究目的？(2)你手上的文本資料適合哪一種次架構？(3)你個人的書寫風格喜好。這三個條件中，(1)應該優先選擇，(2)次之，(3)再次之。

　　循同樣的邏輯，在「次架構」下可以再產生「次次架構」。例如當你決定以「人」為單位去書寫後，接下來可以在「人」的次架構之下產生一個「時間」的「次次架構」，分別去呈現「局外見證者」、「家長團體成員」、「團體帶領者」三種研究對象，在局外見證者介入之前、之中、之後的改變。寫研究結果時，「主架構」（各節標題）和「次架構」（第一層書寫單位）是必要的，至於是否要再往下衍生更多層的「次次架構」，就要視你的書寫能力和研究目的而定了。規劃書寫結構對撰寫〈研究結果〉會很有幫助，它們就像樹的枝葉，「研究目的」是樹幹，根據研究目的，你會產生第一層樹枝（主架構），在第一層樹枝下會有第二層分枝（次架構），甚至產生三層以上的分枝（次次架構），而最後一層分枝上則長著樹葉（實際的書寫內容）。書寫架構的形式可以很多元，並不限於以上所舉的「人」、「時間」、「事件」，你應該依據研究目的和文本資料的狀況，構思出最適合你論文的各種主、次架構後才開始書寫。

　　前面提過〈研究結果〉可以用本書所說的「架構填充法」去書寫，談完「架構」之後，接下來要談「填充」的部分。當書寫架構確定之後，要如何撰寫實質的內容呢？大多數質化論文的〈研究結果〉書寫主要由四種元素組成：「引言」、「文本」、「銜接」、「評述」。其中，「引言」指的是預告讀者，你接下來要談什麼；「文本」指的是直接引用文本資料（如訪談稿）；「銜接」指的是為

了使文章流暢的串場文字；「評述」指的是你對文本資料的詮釋。例如表11-5中可見，它的結構是「引、文1、評、銜、文2、評」。

表11-5

> 　　局外見證者在見證過程中，看見家長團體成員在照顧孩子的艱困中所展現的力量，促使見證者回憶起過去曾經發生、但未被留意的生命經驗。這些真實存在卻被忽略的生命經驗，帶有見證者的知識與力量。這樣未獲關注的故事情節，在訪談內容中大量地出現，俯拾皆是。〔引言〕
>
> 　　「我聽他（Aa）講這句話的時候，我自己也哭了，對（哽咽）。然後我就過去抱他，我就跟他道歉，說我覺得我剛剛失去理智（哽咽）…如果說我只是一味的好像讓別人覺得我們真的困難很多或什麼樣，我覺得對Aa來講是很不公平的。對我們彼此走過那一條路來講，是很不公平的，對。因為我們有時候在歪斜的路上，我們也種種小花啊，就不是只有歪歪斜斜這件事情，而是在歪斜的過程當中，我們發現了很多很好玩，有很多感動，很美好的事情。」（OA-057）〔文本1〕
>
> 　　A在見證家長團體成員的過程中，看到團體成員們在混亂的生活中找到平衡，使她想起自己在看似走得不平穩的路上，她的兒子帶給她的許多快樂。這一路上並不是只有眼淚，有更多一起經歷的美好與感動。〔評述〕
>
> 　　上述視野的改變，同樣可在B的身上觀察到。〔銜接〕
>
> 　　「其實我也會發現他每次用藥的時候，話會變少，整天就很像憂鬱小生。只要藥效還沒過，你就會發現他很安靜。當然你很喜歡看到活潑的他，可是當看到他安靜下來的時候，我的孩子怎麼突然不講話…其實我內心是很煎熬的。但是我現在就會更肯定我自己說…經過這樣子的一個…很辛苦的…一個過程，因為有當初的堅持，你才會發現果實是甜美的。」（OB-040）〔文本2〕

> B的孩子因為患有ADHD的關係，需要服用藥物來幫助孩子專注與適應，但協助孩子接納服藥的長期抗戰過程，對B的生活與夫妻關係造成不少影響。為了讓孩子穩定服藥所經歷的折衝與磨合，一直以來成為B的主要視框。但在這次見證的過程中，B開始注意到煎熬與折磨之外，她與兒子的努力得到了甜美的果實。〔評述〕

根據「引言」、「文本」、「銜接」、「評述」四種元素，你可以視自己的研究目的、文本現況、甚至於你的指導教授要求你寫多厚，來組合運用。例如，你在書寫時可以是很單純地「引、文、評」的結構，也可以是大量引用文本的形式「引、文1、文2……、文n、評」的結構，或是像表11-5的「引、文1、評、銜、文2、評」等等。這些不同結構只有兩個固定規則：(1)「引言」永遠在前，(2)總是以「評述」作為最後收尾，其他則是依你的需求去作各種組合變化。

此外，值得注意的是，由於這是在寫〈研究結果〉，不是寫〈討論〉，所以，「評述」的部分只需對文本的意義作摘述及歸納即可，儘量不要作太多進一步的延伸和推論，進一步的延伸要留在寫〈討論〉時才呈現。你仔細看表11-5，作者在「評述」的部分都寫得很簡單；這個原則在本書第七章中也曾提過：要嚴格區分〈研究結果〉和〈討論〉，否則你在寫〈討論〉時會發現不斷在重複講〈研究結果〉中寫過的東西，論文會呈現一種一直在老調重提的狀態。

最後有一點要特別注意：上述的四元素組合法只適用於對文本作「歸類」的質化論文（這類型的質化論文也是比較普遍的一種），有一種質化論文是以書寫故事的方式去呈現研究結果，此時，四元素組合法就不適用了。如果你的論文屬於這種類型，我就不能提供你書寫的格式和規範；理論上的確是可以創造出一種人人可用的故事寫法，但是以故事呈現〈研究結果〉的重點就在於要凸顯出作者的風格。這種論文基本上就是一種小說，而小說的個人風格是很重要

的：金庸和古龍的小說味道不同，松本清張和東野圭吾的文筆各有特色；就像每個人長相不同，有各自適合的髮型，我不能硬是作出一頂假髮，然後不管你長什麼樣子就叫你戴上它。如果你論文中的〈研究結果〉是希望以寫故事的方式呈現，表示你對自己的文筆應該是有信心的，此時，我只能在遠方為你加油，請寫出帶有你獨特風格的故事吧！

11.5 討論

　　〈討論〉和〈研究結果〉可以說是異卵雙胞胎，它們源自同樣的母體，但又有著明顯的差異。首先談兩者相同之處：〈研究結果〉和〈討論〉都必須對應到「研究目的」，也就是它們都必須去回答研究所關注的主要問題；這再次顯示【清晰地】呈現研究目的是很重要的，這一點我就不再多說了。總之，在寫〈討論〉時，你必須緊扣著你的「研究目的」。

　　接下來談〈討論〉和〈研究結果〉不同之處，它們的主要差異是「各個擊破 vs.一網打盡」。〈研究結果〉的書寫形式是「各個擊破」型的，也就是針對你的書寫單位（如人、時間、事件）分別去寫。請回頭看看表11-4的黑體字，這篇論文以「人」為書寫單位，而在書寫時三種人「分開」來談：「……從局外見證者視框而言，……從家長團體成員視框來說……從團體帶領者視框而論……」，這種根據某種書寫單位「分別」去論述的寫法，就是我說的「各個擊破」的意思，適用於〈研究結果〉的書寫。〈討論〉的書寫形式是「一網打盡」型的，也就是要想辦法把本來分開的論述連結起來。例如表11-6，如果對照表11-4和表11-6各節的標題會發現，表11-6的一、二節標題都多了「三方視框對話」（底線處）；這種差異說明了：在寫〈研究結果〉時，本來分開來書寫的（局外見證

表11-6

第一節　引入局外見證者後的改變：三方視框對話

根據前章對文本資料的分析結果，研究者摘述局外見證者、家長團體成員、團體帶領者三方，在引入局外見證者後所發生的改變如表XX。〔**作出綜整**〕

表XX　參與者發生哪些改變：三方視框

局外見證者	家長團體成員	團體帶領者
一、覺察過往單薄視框 二、憶起未獲關注的故事情節 三、自我認同的豐厚 四、重新定義生命中的人事物 　1.重新定義孩子 　2.重新定義照顧孩子的經歷 　3.重新定義與親人、社會的關係 　4.重新定義個人的生命樣貌 五、改變的擴散與持續 六、新自我，「心」力量	一、覺察過往單薄視框 二、憶起未獲關注的故事情節 三、重新定義 四、尋回自我 五、成為我想成為的人	一、鬆動： 　1.框架曝露 　2.正眼相對 　3.擁抱脆弱 二、起初的美好 　1.做回我想做的那種諮商師 　2.我不孤單

…從表XX可見，參與者的改變似乎與「發現」、「看見」有關。本研究結果發現，三方視框都出現了正向力量的改變〔**相同之處**〕，例如，「家長團體成員」的「成為我想成為的人」；「局外見證者」的「新自我，『心』力量」；以及「團體帶領者」的「做回我想做的那種諮商師」。雖然三方視框都出現了正向的改變，然而，三方參與者改變的內涵仍有所不同〔**不同之處**〕。例如，「團體帶領者」的改變與「發現脆弱」有關，而「家長團體成員」與「局外見證者」的改變則是與「發現力量」有關…

…這樣的研究發現呼應了敘事治療的概念。敘事治療需要透過「重寫」或「重說故事」的對話，為我們的生命經驗賦予新的意義（Morgan, 2000）。重寫對話會使人們納入某些被忽略卻具有潛在重要性的事件…然而，憶起具有潛在重要性的事件，並非促成「重寫對話」或「重說故事」的唯一途徑。White（2007）認為，透過見證的敘說過程，可提升當事人對自己內在意圖與核心價值信念的理解。當人們對內在意圖與價值信念有更多的理解時，就能開啟對話的重寫，為自我認同賦予新的定義。因此以本研究結果而論，研究參與者改變的發展，除了憶起與敘說替代故事、豐厚對自我的看法之外，也能透過對單薄視框的深度理解，引發正向的力量…〔與文獻對話〕

第二節　　改變如何發生：三方視框對話

…

者、家長團體成員和團體帶領者）三個部分，在寫〈討論〉時要使它們產生連結，並且整合起來論述。

　　如果〈討論〉的目的是要把本來在〈研究結果〉中分立的陳述整合起來，那麼該如何做呢？一個非常有用的方式就是做表格。例如表11-6中，作者就做了一個表格去綜整三類研究參與者的改變狀況；接下來只要把這個表格橫向來看，就可以看出三者的異同之處，而這異同之處就是你寫〈討論〉時很好的切入點。在實際書寫的操作上包含三個步驟：(1)針對不同的單位作綜整，(2)論述不同單位間的異、同之處，(3)就這些異同之處與文獻進行對話。表11-6很具體地展現了這種書寫模式，可以作為你在撰寫〈討論〉時的參考。

　　除了上述這三個步驟之外，關於〈討論〉的書寫還有一個原則可以參考；之前在談〈研究結果〉書寫時有四個主要元素：「引言」、「文本」、「銜接」、「評述」，其中，「評述」指的是你對文本所作的詮釋與歸納；你可以把〈討論〉想像成是「評述大集

合」，也就是把〈研究結果〉中的所有「評述」集合起來，找到它們彼此之間的交集，然後和文獻對話，以這樣的想法去寫〈討論〉，在方向上就更明確了。

最後，關於〈討論〉的書寫還有一些值得注意之處。雖然〈討論〉應該緊扣「研究目的」，但是和「研究目的」並無直接相關的內容也可以寫。有時在文本資料中的確會發現和「研究目的」並無直接關聯，但卻很有意思的資料，這也可以增列在〈討論〉中。此外，有些論文會在〈討論〉之後再多寫一章〈結論〉，我個人並不喜歡這種寫法，因為從嚴謹的科學觀點來說，每一個研究呈現的都只是一個暫時性的結果，並沒有所謂「結論」這種事；也因此，正式的學術論文寫作中很少會使用「結論」這個標題。如果你一定要寫〈結論〉這一章，那麼可以寫以下這些內容：(1)對整本論文作一個摘述（詳細寫法請見表8-1，p.98），(2)研究限制，(3)對未來研究的建議，(4)研究貢獻。另外，也有一些質化論文會加上一節（或一章）的〈個人反思〉，或是〈研究後記〉，這又得回頭談到前一章所說的「認識論」問題了。由於質化（詮釋／行動）研究是允許主觀涉入的，因此有時會要求做質化論文的研究生在論文最後寫寫自己的感受，它的內容你可以自由發揮，任何和研究有關的都可以寫；你可以寫你在研究過程中的反思、成長、感動，也可以寫你因為做了這個研究，對《傻瓜也會寫論文》的作者多麼心懷感激等等，當然本段倒數第三句話是開玩笑的，千萬別寫進論文中……。

11.6　本章摘述

一、質化論文和量化論文的〈研究動機與目的〉撰寫原則大部分類似，不同之處在於：(1)質化論文更強調研究對象的主體性、重視脈絡及歷程、希望對參與者帶來省思與改變；(2)質化論文的

「研究動機」會有更多的個人動機。

二、「研究目的」必須被【清晰地】呈現，這對未來的〈研究結果〉和〈討論〉撰寫有很大的影響。

三、質化論文的〈文獻探討〉撰寫和量化論文是一樣的，都可以用「架構填充法」及「過去、現在、未來」三段書寫格式完成。

四、〈研究結果〉的書寫架構，是依據研究目的先形成「主架構」，再區分出「次架構」（例如「人」、「時間」、「事件」），然後依據這些架構去書寫。

五、〈研究結果〉的書寫架構確立後，接下來可以用「引言」、「文本」、「銜接」、「評述」四種元素，去作各種排列組合及書寫。

六、〈討論〉的書寫也必須緊扣「研究目的」，主要目標是要把本來在〈研究結果〉中分開來呈現的內容，整合起來並產生連結。

七、〈討論〉書寫的具體操作包含三個步驟：(1)對〈研究結果〉中不同的書寫單位作綜整，(2)論述不同單位間的異、同之處，(3)就這些異同之處與文獻進行對話。它可以說是把〈研究結果〉中的所有「評述」集合起來，找到它們彼此之間的交集，然後和文獻對話。

CHAPTER 12

質化論文寫作：操作篇II

12.1 質化論文的〈研究方法〉書寫

12.2 結語

12.3 本章摘述

如同前一章曾經說過的，質化論文寫作並沒有固定一致的寫作格式，尤其是〈研究方法〉的撰寫更是因人而異、變化繁複，這是本書將它獨立成另外一章的原因。以下〈研究方法〉的撰寫格式，是參考「臺灣師範大學教育與心理輔導學系」的博士論文去寫的，這些博士論文經過長期的「演化」，逐漸發展出一種相當類似、而且完整的寫作格式，使得本來具有比較多不確定性的質化寫作變得結構化。對一般研究生來說，循此種格式寫作會輕鬆許多。但我必須再次提醒你，由於質化論文寫作格式在現階段並沒有共識，以下的這個寫作格式並不是固定不變的，它只是我以現有的質化論文為範本，歸納整理出來的格式；它不是唯一的道路，但應該能在茫茫迷霧中為你指引一個方向。

12.1　質化論文的〈研究方法〉書寫

質化論文的〈研究方法〉大致上需要書寫幾個部分：(1)研究取向的選擇，(2)研究參與者，(3)研究工具，(4)研究實施，(5)資料分析，(6)研究檢核，(7)研究倫理。在撰寫這些內容時必須謹記兩個大原則：(1)內容應該要盡可能【清晰地】，(2)內容必須與你研究的「本體論」、「認識論」一致。以下分別說明它們的具體寫作內容。

一、研究取向選擇

如果以第十章的例子來說，「研究取向選擇」就是要表達你研究的立場，你是信基督教還是佛教？你是劍宗還是氣宗？這一節的書寫重點在於對你研究的派典作說明。在這邊，你必須說明幾件事：(1)

你的研究是基於什麼樣的派典？(2)這派典背後的「本體論」和「認識論」立場為何？(3) 你為什麼選擇這個研究派典？例如表12-1。

表12-1

> 　　本研究選擇敘事（narrative）分析作為主要研究方法…〔**你的研究是基於什麼樣的派典？**〕
>
> 　　就本體論來說，敘事分析的本體論基礎是建構主義式的。社會建構論認為人們對自我與他人的理解，是基於其所處社會脈絡所提供的意義而形成…<u>而就本研究而言，這社會脈絡所指的是，局外見證者、團體成員和團體中的活動共同交織的情境特徵。</u>〔**這派典背後的「本體論」和「認識論」立場為何？**〕
>
> 　　…敘事可以使我們理解當事人是如何使其自我與所處的社會脈絡產生交融，<u>這正是本研究之重點 —— 局外見證人和團體成員之間，是如何交互影響的？而這種交互影響又如何造成他們彼此自我建構的改變？</u>…<u>藉由敘事分析，將使本研究得以對文本資料進行更深入地分析</u>…這是本研究之所以採取敘事分析為主要研究方法的原因…〔**為什麼選擇這個研究派典？**〕

　　表12-1特別值得一提的是那些劃底線的部分，那是作者將研究派典與自己的論文產生連結的部分。論文寫作非常重要的一個原則是：每一段落的寫作，最後一定要回歸到這本論文上。就像在第四章中舉過的例子，你要向別人作自我介紹，不能只說：「大家好，我爸爸是個很嚴格的人」然後就結束下臺了，這樣的自我介紹是無厘頭的；你一定要接著說：「由於他個性那麼嚴格，因此也養成了我自我要求的個性。」論文的重點是要介紹你的研究，每一章節的書寫都要堅持這個原則，「研究取向選擇」的書寫也是如此；你不能只是對研究派典作交代，更重要的是要寫出這派典和你的研究之間的關聯性為何？為什麼你要選擇這個派典？否則這段書寫就只是在作無意義的文字堆砌。

二、研究參與者

「研究參與者」這一節主要是對研究對象的背景作一些陳述，它的原則也如同前面所說的一樣，你必須將研究對象與你的研究作連結，而不能只是作交代；具體來說，你必須說明：爲何選擇這些人作爲研究對象？和你的研究間的關聯性爲何？例如，表12-2中作者不只介紹了研究參與者的背景，也說明了這些研究參與者和本研究之關聯（底線處）。此外，在撰寫時也應該對研究參與者的背景中，和本研究有關的部分，盡可能作詳細的交代；這一部分可以用表格的方式加以呈現，如表12-3。

表12-2

> 本研究中的二位局外見證者均爲女性，孩子都是男性，都確診爲亞斯柏格症…在研究者與二位局外見證者互動的經驗中，A顯得較爲沉靜，B則豪爽外放。雖然外顯風格不同，但二人都有開放、熱情的性格，具有對他人敏銳、對生命反思的特質，以及面對挑戰有堅毅的韌性，符合局外見證者之特質要求…〔爲何你選擇這些人作爲研究對象？和你的研究間的關聯性爲何？〕

表12-3

代號	年齡	職業	子女數	診斷	確診年齡
A（母）	39歲	褓姆	2		
Aa（子）	14歲			亞斯伯格症	5歲
B（母）	40歲	業務主管	1		
Bb（子）	13歲			注意力不足過動症 亞斯伯格症	4歲

三、研究工具

「研究工具」這一節，故名思義是要寫你所使用的研究工具，但這件事對質化研究來說相當尷尬。一般來說，量化研究都會有很明確的研究工具，例如，各種不同的問卷或是實驗器材；而質化研究則通常沒有什麼很具體的工具，或是這些具體的研究工具感覺上很遜。例如，你作了訪談，真正的具體工具可能是錄音筆，於是你在研究工具中寫道：「本研究採用XX牌錄音筆，此種錄音筆用兩顆全新鹼性電池可連續使用8小時，最高錄音品質為4,200赫茲，可轉成8種不同檔案格式……」這樣寫在邏輯上完全正確，這也的確是你的研究工具，但感覺很沒學問，所以幾乎沒有人會這樣寫。因此，質化論文中的研究工具指的並非一些具體的工具，而是一些無形的工具，包含：(1)「研究者自身的專業及背景」，(2)「其他有助於輔助研究之設計」。

我們先談「研究者自身的專業及背景」這件事。就像幾乎每部偶像劇都會出現「我愛你」這句臺詞，如果要評選質化論文經典名句，「研究者即工具」這句話肯定會入選，很多質化論文都喜歡使用這個華麗的句子。但究竟這句話是什麼意思呢？就表面意義而言，這是在說研究者把自己作為一種研究的工具；而具體來說，就是你必須去說明：你的背景和研究之間有什麼連結？你憑什麼說你有資格做這研究？你為什麼是一個值得信賴的「研究工具」？如表12-4中作者就說明了他自身的背景，以及這些背景和研究之間的關連性。

表12-4

1. 與研究相關的實務經驗
研究者於博士班修業期間接觸到身心障礙兒家長的服務工作，迄今已五年有餘…目前帶領身心障礙兒家長支持團體至少248小時以上。

2. 專業訓練與學術背景

　　研究者…領有諮商心理師證照…曾修習與本研究相關的課程為：質性研究、社會科學研究法、混合研究法…曾接受之相關專業訓練為：於大專院校與醫療院所三年的兼職與專業諮商實習…上述經歷對研究者後續在身心障礙兒父母的實務工作多有啟迪。

3. 與身心障礙兒家長工作經驗之反思

　　在研究者與身心障礙兒父母的工作中，這些父母帶給研究者最鮮明而強烈的印象，是同時存在著力量與無助的矛盾個體…研究者常常被他們所展現的力量所撼動…

　　表12-4中，作者用了三點來敘述他個人的背景與研究之間的關連性。其中第一、二點談的都是一些相當客觀的背景資料，像是實務經驗、證照、修課經歷等；比較值得注意的是第三點——研究者的主觀想法和感受，也可以是研究工具的一部分。表12-4中的第三點「**與身心障礙兒家長工作經驗之反思**」，作者就把自身的反思當作是一種有利於研究進行的優勢。因此你的反思、你的生命經驗等等，只要是和研究有所關連，可能有助於你和研究對象互動的，有利於你分析和詮釋資料的，都可以作為「研究工具」陳述的一部分。

　　「研究方法」這一節的書寫，除了「研究者自身的專業及背景」介紹之外，另一個可以寫的東西是「其他有助於輔助研究之設計」。這一部分指的是一些有助於研究進行的設計，它的具體內容因每個人研究而有所不同，可以是某些具體的工具（如錄影）、某些活動（如撰寫研究手扎）、甚至是某些人（如協同研究者）。例如表12-5，研究者就說明了她如何藉由撰寫日誌的方式來輔助研究。

表12-5

…由於團體帶領者自身在參與局外見證者團體的過程中，也會產生洞察及改變…研究者藉由每次團體結束後，立即書寫帶領團體時的所見及所思，形成團體帶領者的文本資料…而為了保持書寫的彈性，希望捕捉到更細緻、更貼近現象的資料，在日誌格式上，研究者認為不宜有太多限制，因此僅區分為(1)描述所見現象，以及(2)針對此一現象所引發研究者思考的內容，去作書寫。團體帶領者日誌格式如表XX。

表XX
團體帶領者日誌格式

第　　次團體	時間：　　年　　月　　日		
項次	所見現象	我的表層思考	可能的進一步深層思考
一			
二			
三			

四、研究實施

「研究實施」這一小節，主要是寫你如何蒐集資料：白話來說，就是你使用的是訪談法、觀察法或是其他研究方法？由於目前質化論文的寫作並沒有固定格式，因此也有一些論文把蒐集資料的方式寫在「研究工具」那一節裡，而沒有獨立寫出「研究實施」。這些不同做法沒有什麼對錯可言，而是每個人根據論文特性（或是指導教授的建議）所採取的彈性做法。

讀這本書時，我相信你很討厭看到「彈性」這兩個字，因為這表示似乎沒有明確的法則可以讓你依循。不過，本書絕不會把你丟在「彈性」這種模稜兩可的說法中自生自滅，我可以明確地告訴你一個

重要的書寫原則：「分量」。如果你蒐集資料的方法沒幾句話就寫完了，那麼自成一節就顯得很怪，此時，把它和「研究工具」併在一起是比較合理的選擇；相對來說，如果你蒐集資料的方法寫起來有很多頁，那麼自成一節會是比較好的寫法。至於這一節的名字你要叫作「研究實施」、「資料蒐集」、甚至是「訪談法」都可以，質化論文既然沒有固定的寫作格式，當然也沒有具共識的章節名稱。依據「分量」多寡去決定書寫結構，分量多的就自成一節，分量少的就併在一起並且給它一個適切的名稱，這個原則在寫質化論文時很管用。其實這和本書第四章所說的「可寫性」原則是一致的。

　　「研究實施」應該盡可能寫得愈詳細愈好。以訪談法為例，你要交代幾件事：(1)在什麼地方作訪談？(2)訪談時間多久？(3)用什麼方式訪談？(4)訪談大綱是什麼？(5)在訪談過程中有沒有其他特別需要說明的事？這些都應該要作清楚的交代，例如表12-6。

表12-6

一、訪談對象及時間〔**在什麼地方作訪談？訪談時間多久？**〕
本研究主要訪談對象，包含二位局外見證者及七位團體成員，每位訪談1.5～2.5小時。訪談地點在…、訪談的時間點是…
二、訪談方法〔**用什麼方式訪談？**〕
訪談是本研究最主要的文本來源。本研究訪談之實施規劃，主要是參酌李文玫（2010）及倪鳴香（2006）對德國學者Fritz Schutz的敘事訪談法（narrative interview）之整理。敘事訪談法包含三個主要階段…
三、訪談大綱〔**訪談大綱是什麼？**〕
本研究採用半結構式訪談，依據研究問題、文獻中概念與研究者經驗，擬出訪談大綱…訪談大綱如下：

（一）從研究者邀請您參與本研究以來，您的感覺與印象如何？在過程中，您印象最深刻的是什麼（不論正面或負面的）？是什麼令您對此印象深刻？

（二）是什麼促使您決定加入本研究？

（三）您在參與本研究之初的心情是什麼？對參與這個研究的想像是什麼？

…

（十）其他補充或回饋。

五、資料分析

前面提過，質化論文在寫「研究工具」時有一句經典名句：「研究者即工具」；在寫「資料分析」時，也常常會出現一些研究生愛用的句子，例如：「研究者反覆閱讀逐字稿……」、「不斷從部分到整體，再從整體到部分，達成詮釋的循環……」等等。這邊很適合再重提上一章說過的【清晰地】這個原則；不只在寫研究目的時必須【清晰地】，在寫研究方法時也必須【清晰地】。你如果仔細地回想，我在前面談研究方法各節撰寫時，都一直強調盡可能寫得愈具體、愈詳細愈好，「資料分析」的撰寫也是如此；例如，當你說你「反覆閱讀逐字稿」時，這句話究竟是什麼意思？你讀了多少遍？是每一次都從頭到尾地讀嗎？還是讀第一次時劃出重點，接下來只讀重點？你說你「不斷從部分到整體，再從整體到部分，達成詮釋的循環……」具體上你到底是怎麼做的？

質化論文的〈研究方法〉撰寫常常會出現一些抽象的描述，作者會用某些模糊的方式帶過許多重要的事情；研究生有時會以為用一些美麗玄妙的字詞描述研究過程，就算有所交代了，而一般來說，指導教授和口試委員在這件事上對研究生也不會太苛刻。但作為一本濟

世的書，我還是必須提醒你：科學寫作應該儘量避免模糊抽象的論述。就像在量化研究中寫道：「研究者在蒐集資料中力求保持客觀嚴謹」，這是不太有意義的論述，我不能因為你嘴巴上說你很嚴謹就相信你，除非你寫出具體的操作方法，我才能判斷你有沒有達成「客觀嚴謹」的目標。當然，質化研究和量化研究的本質並不相同，質化論文在寫作時的確有些東西未必能鉅細靡遺的交代，但這不表示你在寫論文時可以理所當然地用抽象模糊的方式帶過它們，你應該要盡最大的努力去把你的研究細節交代清楚。

　　從【清晰地】的標準來看，「資料分析」必須清晰地去說明幾件事：(1)你採用什麼樣的資料分析方式？(2)為什麼採用這種分析方式？(3)具體的操作是如何進行的？盡可能條列出你分析的步驟，必要時輔以表格來呈現你的分析方式，如表12-7。

表12-7

　　Lieblich等人（1998）提出了…四種敘事形式，分別為：整體—內容、整體—形式、類別—內容、類別—形式等。本研究…資料分析採用的是「類別—內容」取向的分析。〔你採用什麼資料分析方式？〕

　　在分析的形式上，本研究屬於「類別—內容」取向的分析…這是因為本研究的目的並不是要書寫研究者自身、局外見證者，或是身心障礙兒家長的故事，而是想藉由他們敘說出參與團體中所發生的事，來回應局外見證者介入所產生的改變及歷程，因此，重點在於從文本中自然擷取出的關鍵主題…〔**為什麼採用這種分析方式？**〕

　　以下就本研究實際分析的步驟說明如下：〔**具體的操作是如何進行的？條列出分析的步驟**〕

一、選擇替代文本

　　依據研究問題，將文本中所有與研究問題相關的部分集合起來，成為新的文本，替代逐字稿，作為接下來分析的主要文本資料…如表XX所示。〔**具體的操作是如何進行的？輔以表格來呈現你的分析方式**〕

表XX

編碼	逐字稿內容	摘要	替代文本
MD-068	我從ＯＡ身上覺得說，她其實是一個勇者的表現嘛。其實她滿年輕的，我不知道她是三十幾歲還四十幾歲。那個倒不重要，反正她不會太老就對了。因為我覺得以她這樣年輕的媽媽來看，我覺得她勇於承擔這樣的責任，我覺得是，除了她必須要有很大的抗壓性，就是她對孩子的愛應該是很深的，就是說讓她能夠克服完，所以我就覺得說從她身上，我也會印證到我自己。	1. 從見證者的反思中，看到自己因為對孩子深刻的愛，因而有勇氣克服困難。 2. 對自己增加了「勇者」的新定義。	我從ＯＡ的身上覺得，她其實是一個勇者的表現。以她這樣年輕的媽媽來看，我覺得她勇於承擔這樣的責任，我覺得除了她必須要有很大的抗壓性，就是她對孩子的愛應該是很深的，就是說讓她能夠克服完。所以我就覺得說從她身上，我也會印證到我自己（MD-068）
訪MD-069 …	…	…	

二、定義內容類別

　　…研究者從替代文本中，將浮現的想法作成摘要，再從摘要中萃取出概念…發展新的類別或精煉舊有的類別…

三、將材料分類至類別中

　　…

四、從研究結果導出結論

　　…

〔具體操作是如何進行的〕

六、研究檢核

★

「研究檢核」指的是你要用什麼方法來檢核你的研究品質。質化研究和量化研究對研究品質好壞的標準是不一樣的，質化（詮釋／行動）研究的重點在於，這本論文有沒有描繪出研究參與者的主觀世界、有沒有帶來省思與感通，或是有沒有造成某些改變；量化（實證／後實證）研究的重點在於研究是否發掘出客觀的眞實。也因此在進行研究檢核時，質化和量化研究會採取不同的檢核方法；這就是第十章中所提到的：你的研究所立基的「本體論」和「認識論」立場會貫穿你的整本論文。

「研究檢核」在書寫上一樣是要恪遵【清晰地】原則，在寫法上和上一節的「資料分析」幾乎是一樣的：(1)你選擇什麼樣的檢核方法？(2)爲什麼選擇這些檢核方法？(3)具體的操作是如何進行的？必要時輔以表格來呈現你的操作方式，例如表12-8。而除了【清晰地】這個原則之外，表12-8值得注意的是劃底線之處，作者根據他的「本體論」和「認識論」選擇了適合其研究的檢核方法，也就是研究的「本體論」、「認識論」和「方法論」三者必須一致的例子。

表12-8

> …Guba與Lincoln（1989, 1994）提出了真實性（authenticity）來作為質化研究的判準。簡言之，真實性（authenticity）包含了四個主要原則：（一）本體論的真實性…（二）教育的真實性…（三）催化真實性…以及（四）策略真實性…。其中前二者可說是切合建構主義思維的研究判準，而後二者則是批判理論（critical theory）思維的研究判準。本研究以敘事分析為主要研究取向，因此是立基於建構主義之哲學觀，所以在研究品質的檢核上，應採「本體論的真實性」及「教育的真實性」兩個判準，亦即對本研究而言，重點在於研究是否發掘並同理了當事人的主觀建構。值此之故，本研究成果檢核的一個重要方

式，就是由受訪者來判斷研究者是否成功地描述了當事人的主觀建構…〔**你選擇什麼樣的檢核方法？爲什麼選擇這些檢核方法？**〕其具體做法，則是將研究者對文本資料的詮釋結果，在書寫完成後請受訪者加以檢視，並請受訪者填寫回饋表（如表XX），然後針對受訪者之回饋，作必要的修改…〔**具體的操作是如何進行的？必要時輔以表格來呈現你的分析方式**〕

表XX

檢核項目	符合的百分比 （0～100%）	建議修改之處 （請註明頁數）
1.本份資料所引用的段落確實出自您當時受訪的表達		
2.本文所歸類整理的類別內容符合您當時的經驗		
3.研究者對引用段落的輔助說明符合您當時的經驗		
閱讀完本份資料後，您的心得、感想與回饋：		

　　至於研究者自身的主觀建構則是由兩方面加以檢核：（一）研究者藉由對自身想法的不斷思考、書寫、修改來探詢自己的主觀建構。（二）將這些思考、書寫提出於研究小組（lab meeting）中，請研究同儕協助檢核，發掘是否有研究者自身忽略掉的重要深層意義…〔**具體的操作是如何進行的？**〕

七、研究倫理
★

「研究倫理」這一節是質化論文比較獨特的部分。由於質化研究常常涉及個人很內在、隱私的探索，個人的訊息會被大量地呈現在論文中，因此有很多質化論文在會〈研究方法〉中交代對受試者的保護，此即「研究倫理」的書寫。其實不管是質化或量化論文，研究倫理的考慮都是非常重要的，但是因為量化論文不太會去分析個別的資料，而是綜合性地分析所有受試者的資料，因此幾乎不會有曝露個人資訊的問題，所以，量化論文很少會特別說明這一部分。

「研究倫理」的撰寫一般是交代兩件事：(1)隱私權的保護，(2)知後同意（informed consent），如表12-9。

表12-9

一、隱私之保障

　　…有關匿名之處理，本研究先採用研究編碼或代號，來取代參與者的姓名，避免洩露研究參與者的身分。此外，本研究結果除發表於科學性刊物外，不會對外公開。所有刊登出來的文章，也不會出現任何可資辨認研究參與者之資訊。錄音資料由研究者加密並妥善保管，並在研究結束後負責銷毀。研究者將上述隱私保密之做法，妥善地向研究參與者說明。

二、知後同意與退出之權益

　　所有研究參與者均簽署研究同意書。由研究者向研究參與者充分說明研究之內涵、實施程序和方式、相關權益和義務，並對其不瞭解之處進行說明。研究者也讓研究參與者瞭解，其個人有參與或退出研究之自由決定權…

12.2 結語

　　質化論文的〈研究方法〉寫作可以說是五花八門、千奇百怪，局外者（就是不用寫論文的那些人）會感覺色彩繽紛，局內人（就是要寫論文的研究生）會感到痛苦萬分。本書整理了一種可能的格式，並提供一些寫作的指引和範例，希望能給你一些方向。總的來說，質化論文的寫作格式非常因「人」而異，對研究生而言，這個「人」指的絕對不是你自己。我的意思不是說你不是人，而是在論文寫作中有一個比你更重要的人，就是你的指導教授，因此，你的指導教授說你身體濕寒，你就要立刻拿桶水往身上潑，他說你氣血不足，你就得趕緊擦粉讓自己看起來臉色蒼白——你的論文該怎麼寫，一切都是指導教授說了算。這也點出了一個重要技巧：當不知道該怎麼寫時，去看看你的同門師兄姐的論文是怎麼寫的？他們的寫作格式長什麼樣子？同門師兄姐的論文，就是你師門中的《本草綱目》和《傷寒雜病論》，你指導教授的想法都在裡面！

12.3 本章摘述

一、質化論文的〈研究方法〉大致上需要書寫幾個部分：(1)研究取向的選擇，(2)研究參與者，(3)研究工具，(4)研究實施，(5)資料分析，(6)研究檢核，(7)研究倫理。

二、在撰寫時必須謹記兩個大原則：(1)內容應該要盡可能【清晰地】，(2)內容必須與你研究的「本體論」、「認識論」一致。

三、「研究取向選擇」書寫三個重點：(1)你的研究是基於什麼樣的派典？(2)這派典背後的「本體論」和「認識論」立場為何？(3)

你為什麼選擇這個研究派典？

四、「研究參與者」要說明：為何你選擇這些人作為研究對象？和你的研究間的關聯性為何？並對參與者的背景中，與本論文相關的部分，作詳細的交代。

五、「研究工具」書寫包括：(1)研究者自身的專業及背景，(2)其他有助於輔助研究之設計兩大部分。

六、「研究實施」、「資料分析」、「研究檢核」要說明：(1)你採用什麼方式？(2)為什麼採用這種方式？(3)具體的操作是如何進行的？

七、「研究倫理」書寫包括：(1)隱私權的保護，(2)知後同意。

CHAPTER 13

其他溫馨小提醒

這是一本協助研究生論文寫作的指南書，關於論文寫作的要領，前面都寫得差不多了。在本書結束前，我想提醒一些和論文寫作無關、但和你畢業有關的事情，算是一些溫馨的小提醒。首先是口試，口試要準備什麼樣的蛋糕才能討老師的歡心呢？是提拉米蘇還是超濃起司？水果需要挑選當季的嗎？雖然研究生常常在口試前為了這些瑣事而苦惱，但這些事情和你是否能取得學位是完全無關的；我不是很確定沒有準備蛋糕和水果，會不會有老師覺得不高興，但我很確定這些東西準備得再豐盛都無助於你的畢業。與其花很多時間去籌備這些東西，不如多花一些時間去準備你的口頭報告，多去想想口試時可能會被問什麼問題、該如何回答。

口試前有些事情要注意：(1)口試的報告一定要練習過；所謂的練習，指的不是看著簡報心中默念，而是真的要把空氣當作口委，大聲的練習報告並且計時；一次、兩次、三次，練習到你熟練為止。(2)報告時間不要太長，我要求自己的學生報告不能超過15分鐘；大部分的口委都對研究生的報告不感興趣，他們希望你快點報告完，然後開始提問。(3)儘管如此，你還是得把報告準備好，在開場時讓口委有個好印象；簡報的內容和品質很重要，關於簡報製作的一些小要領，在本書附錄三中有提示，希望對你能有所幫助。

論文口試和你的想像其實大不相同。口試和結婚喜宴有點像，每一對新人都把自己想成是世界的中心，精心地去策劃很多活動，努力想要讓自己的婚禮與眾不同；但是客人的心態是什麼呢？回想一下你去參加喜宴的經驗，你會發現客人只在乎菜好不好吃、上菜速度快不快，他們不太關心新郎和新娘的愛情故事有多精采，也對致詞的人是民意代表或行政首長不感興趣。口試也是如此，對你而言，在努力多年之後，你終於得以粉墨登場，一展身手，這對你來說是非常重要的一天；但是對口試委員來說，這卻只是很普通的一天，口委就像吃喜宴的賓客，他們一年要參加好幾場婚禮。我的意思並不是你的口試不重要，你的論文口試是獨一無二，而且值得重視的，但是你不必太過

緊張，因為老師們和你的立場不同，你的口試對他們來說是再普通不過的一個生活事件，他們不會把這個口試看得很嚴重。

大部分的學生都不喜歡在口試時和口委有太多的意見不合，不管口試委員講得對不對、有沒有誤解什麼事情，學生們通常傾向於盡可能避免提出不同意見。這樣的做法不算有錯，但也不是一個最好的態度，畢竟這是你的論文，你可以有自己的想法，並且也應該在必要時提出解釋。但是在提出解釋或不同意見時，表達的方式很重要。學術是追求真理的活動，這點是無庸置疑的；但學術活動也是由人去運作的，人不可能完全理性而不受情感影響，口試委員也是如此，很少人能完全包容別人不留情面的言語。因此即使你的想法是對的，採用比較直接的方式去表達有時並不容易被接受；在口試時表達想法的態度應該要溫和。我覺得研究生應該對自己的論文有所想法，不該在口試中從頭到尾只是點頭如搗蒜；但在表達想法時，也必須注意顧慮到自己正處於即將被評分的立場。就像歌唱比賽的參賽者，公開嗆自己歌唱得比評審好（雖然這常常是事實），不會有太好的下場。

再來談到「謝辭」，謝辭是一本論文中自由度最高的部分，你可以寫一頁、五頁、八頁，愛寫多少就寫多少，當然也可以不寫；你可以用白話文寫、文言文寫、用詩來寫，甚至是用檸檬汁寫，讀者必須用火烤之後才看得到你在寫什麼；總之，謝辭的自由度非常高。我曾經聽聞有老師除了改論文之外，連學生的謝辭都改，本來覺得有些扯，但後來想想也可以理解。大部分認識你的人在拿到你的論文時，都只會看謝辭，他們會很關心自己有沒有出現在你的謝辭中。就像一間寺廟的柱子上刻滿了「○○○大德捐貳佰元」一樣，即使根本沒有人會去注意這些柱子上的小字，但人們就是在乎自己的名字有沒有出現，因此，謝辭中漏掉某些人的名字是不太好的事。如果真的有老師會改學生的謝辭，我想應該是出於善意，怕學生不小心得罪了別人。

在一般情況下，有些人是一定要謝的。指導教授你大概不會忘了謝，而口試委員也要記得謝；雖然嚴格說來，口委是對你論文貢獻最

小的一群人，他們沒有像同學、家人陪你走過這幾年的艱苦歲月，也沒有在論文寫作過程給你什麼幫助，口委只是在你論文完成後，讀過一遍並給了一些建議，但你還是應該把他們的名字寫在謝辭中，這算是不成文的規定；就像我們會期望研究生應該在畢業後，送指導教授和口委一本正式的論文一樣。受試者通常也要謝，雖然他們沒有個別的名字，只會被統稱為「受試者」或「研究參與者」，但這就像在華盛頓的那座雕像一樣，五位士兵共同奮力將美國國旗豎立起來，下面或許會寫著「向硫磺島作戰陣亡的將士們致敬」；在謝辭中對受試者致謝也是應該的，有了他們的付出才有這本論文。以上這些人是建議一定要謝的，至於其他人要不要謝，就看你自己了。

　　謝辭沒有非寫不可，如果你看了上面描述，覺得實在麻煩，那麼你可以選擇不寫謝辭。不過這樣做有些可惜，一方面是別人拿到你的論文通常只會看謝辭，當他發現你沒寫時會有些失望；另一方面，謝辭記錄了你這幾年的求學歷程，有哪些重要的人陪在身邊？求學過程中有多少苦澀酸甜的心情？這些人事物和心情是生命中很珍貴的經驗，久了你就會淡忘，寫下來是一種保存回憶的方式。我自己的博士論文並沒有寫謝辭，我只寫了一段序，這段序是我初為學者時對自己的期許與盼望；事隔多年，即使現在重讀，我還是有很多感觸。

　　　　從此　我步上了學者之路
　　　　期許自己
　　　　謹守作為一個科學家應有的操守與道德

　　　　永遠真誠地面對自己的研究和資料
　　　　不玩統計技倆　不作自圓其說

　　　　時時記得研究的價值來自於過程是否嚴謹
　　　　而非結果是否顯著

刻刻提醒自己勇於承認錯誤
不為無謂的自尊　扭曲原本清明的思考

寧可做一個終生默默無聞的學者
也不要成為虛名煌煌的學匠

最重要的是
不忘自己熱愛學術的初衷
不讓學術淪為徵逐名利和頭銜的工具

顏志龍　2005.夏　於政大志希樓

　　一本論文花費了你非常多的心血，你可以把它想像成是懷胎數年的孩子，不論孩子是好是壞，你對他感到驕傲或失望，這終究是自己的孩子。孩子遺傳了父母的氣質，你的論文同樣反映出你的性格。如果你是一個性子急躁的人，那麼你的論文可能會落東落西；如果你是一個龜毛的人，那麼你的論文可能會專注在很多不必要的細節上。因此，寫論文的過程不只反映出你的思考和文筆，也反映了你的個性，在論文寫作過程中所遇到的困難，可能就是你未來人生道路上要面對的課題。說論文寫作是一種生命的修行，真的不為過；希望你能在這修行上進展順利，獲益良多！

學位論文常用APA格式

壹、文獻引用的重要觀念

　　APA格式是美國心理學會規範的論文書寫格式，它是社會科學中常用（但並非唯一）的寫作規範，如果你所屬的科系寫作規範是採用APA格式，以下的這些整理才對你有幫助，否則你必須參閱你所屬領域的寫作規範。

　　APA格式所規範的文獻引用格式，可以區分為兩大區塊：(1)「本文」中的規範，(2)「參考文獻列表」（reference list）的規範，例如附表1-1。其中「本文」中的規範，指的是你寫文章時的文獻引用規則；「參考文獻列表」的規範，指的是你在論文最後所附上的文獻列表的格式。

附表1-1[i]

（本文）

隨著網路的普及化，使用網路問卷來進行研究的現象也變得很廣泛(Rui & Stefanone, 2013)。儘管網路問卷擁有迅速取得大量資料與成本較為低廉的優點，但同時也有許多反對的聲音，認為網路取樣多樣性不足，而且有可能出現胡亂填答或重複填答的問題，因此，Gosling等人（2004）認為網路施測的品質並不可靠。【錯誤1：本文中有引用，但參考文獻列表中卻未列出】本研究採用單因子實驗設計的方式，探討網路問卷和紙本問卷之差異，以SPSS進行統計分析，結果顯示網路施測品質和紙本施測品質並無差異。

（參考文獻列表）

參考文獻

顏志龍、鄭中平（2019）。*給論文寫作者的統計指南：傻瓜也會跑統計*。五南。【錯誤2：本文中未引用此文獻，無須列出】

Rui, J. R., & Stefanone, M. A.（2013）. Strategic image management online: Self-presentation, self-esteem and social network perspectives. *Information Communication and Society, 16*(8), 1286-1305.【正確：本文中有引用，參考文獻列表就要列出】

---

[i] 修改自：張學億（2014）。*請專心作答：以限時作答降低環境干擾與提升網路問卷信、效度之研究*（未出版之碩士論文）。國防大學。

關於論文中的APA格式規範，你必須先理解以下兩件事：

一、「本文」中的引用和「參考文獻列表」中的文獻，必須**完全對應**，也就是說：

（一）在本文中有引用到的文獻，後面的參考文獻列表一定要有。

（二）在本文中沒有引用到的文獻，後面的參考文獻列表一定不可以有。

　　上面這兩個原則非常重要！學生常常對文獻列表有所誤解，以為只要自己參考過的文獻就要放在文獻列表中，這個觀念是錯的；文獻列表的目的**不是**告訴人家我讀過什麼，而是告訴人家**我在本文中的每一個引用來自於哪裡**。例如附表1-1中的本文引用了「Gosling等人（2004）」這篇文獻，但是在參考文獻中卻沒有這篇文獻（見附表1-1【錯誤1】）；這是錯的，既然本文中引用了某篇文獻，參考文獻列表中就一定要列出它的出處、來源等。這就是「在本文中有引用到的文獻，後面的參考文獻列表一定要有」的意思。附表1-1中，把「顏志龍、鄭中平（2019）」那篇文獻放在參考文獻列表也是錯的（見附表1-1【錯誤2】）；雖然作者在做論文的過程中，可能有參考了顏志龍、鄭中平（2019）所寫的統計操作手冊，但是他在本文中並沒有引用它，此時，這篇文獻就不應該放在文獻列表中——某一篇文獻是否要列入參考文獻列表中，規則並**不是**你有沒有讀過它，而是你**有沒有在本文中引用過它**。這就是「在本文中沒有引用到的文獻，後面的參考文獻列表一定不可以有」的意思。

二、這世上沒有中文版的APA格式

　　第二點值得注意的是，一般人對APA格式中文化有一些誤解。APA規範是全球統一的，它是多數社會科學研究者都接受的共識。但由於APA格式是美國心理學會規範的論文書寫格式，所以它是一種針對英文論文寫作的規範。把APA格式移植到中文寫作時，由於中、英文在某些寫作方式上（如標點符號、姓名寫法等等）並不完全相同，此時就會遇到兩者可能無法完全對等的情形（這種情形其實很少，但仍然有）。因此，雖然網路上有一些好心的學者幫大家把APA

格式中文化了，而這些中文化版本也對論文寫作有些幫助，但是仍然要提醒你注意，這些APA格式的中文化版本，有些地方參雜了作者的個人意見，它未必是學者們之間的共識；也就是說，所謂「APA格式中文版」，其實並不存在，也沒有這種規範。你仔細想想，APA格式是美國心理學會所制定的寫作規範，那麼中文版APA格式是誰制定的呢？誰有這樣的權威能規範所有華人都要遵守他所制定的寫作格式呢？應該沒有人有這種「一統江湖」的權力，所以就會導致某些中文論文寫作格式有爭議的情形。因此在論文寫作上，英文文獻的引用不會有什麼爭議，完全按照APA格式就對了；而中文格式的引用原則應該是：只要能移植APA格式的部分，盡可能按照APA格式；無法完全移植的部分，就見仁見智了。

　　真正的APA格式是一本書；沒錯是一本書，而且是一本比《傻瓜也會寫論文》厚好幾倍的書。坦白說，連我都懶得看，別說是學生了；也因此，學生在論文寫作時犯下各種格式錯誤是很普遍的現象。然而，APA格式對一本論文的表面效度有很大的影響力，你論文中的格式錯誤愈少，論文看起來品質愈好。以下我整理出論文常用的APA格式，並分別就(1)「本文」中常用的，(2)「參考文獻列表」中常用的，(3)圖表規範，加以說明，希望這些說明能為你的研究增添彩妝，讓你的論文看起有好氣色。

貳、「本文」中常用的文獻引用格式

　　「本文」中的文獻引用分成兩種形式，一種是在文章寫作中的直接引用，例如：「**Yen（2021）**的研究發現，有讀《傻瓜也會寫論文》的研究生，論文寫得比較好」；另外一種則是使用前後括弧的引用，例如：「過去研究發現，有讀《傻瓜也會寫論文》的研究生，論文寫得比較好（**Yen, 2021**）。」至於什麼時候時該用哪一種引用方式並沒有規定，你可以依據論文寫作的流暢性，採用其中一種引用方式。

　　在「本文」中，常用的文獻引用格式摘述如下：

一、作者人數與寫法：

（一）作者1～2人時，每次引用都要列出全部的作者。

　　1. 英文：「Anderson與Bem（2021）…」或「…（Anderson & Bem, 2021）」。

　　2. 中文：「張一郎與李二娘（2021）…」或「…（張一郎、李二娘，2021）」。

　　【注意，上列中的Anderson和Bem都是作者的姓。引用英文文獻時，只引用作者的姓，不加上名字，例如「John Anderson與David Bem（2021）…」或「J. Anderson與D. Bem（2021）…」**都是錯的**。只有在極少數情況下才需要同時引註姓和名，由於這情況很少發生，請自行參閱APA格式規範。】

（二）作者3人（含）以上時，只呈現第一作者，其他作者用「等人（英文為et al.）」表示。

　　1. 英文：例如某篇論文有三位作者Anderson, Bem與Charles，則以「Anderson等人（2021）…」或「…（Anderson et al., 2021）」去呈現。

　　2. 中文：例如某篇論文有三位作者張一郎、李二娘與王三哥，則以「張一郎等人（2021）…」或「…（張一郎等人，2021）」。

二、當括弧內有多篇引用時，要依第一作者的字母（或筆劃）順序呈現。例如：「…（Hyatt & Hopkins, 1994; Miller et al., 2001）」第一作者為Hyatt的文章，要放在第一作者為Miller的文章之前（因為H在M之前）。

三、中文文獻出現於括弧內時，用頓號（而非&或「與」）分格。例如：「…（張一郎、李二娘，2021）。」（這是我的個人意見，還記得我說過，並沒有公認的中文APA格式寫法吧！）

四、全文引用，也就是一字不漏地引用時，要前後加引號並加上頁碼。如，顏志龍（2020）認為：「如果把在學術界比喻成基

督教的話，APA格式就是聖經」（p.63）或是「如果把在學術界比喻成基督教的話，APA格式就是聖經」（顏志龍，2020，p.63）。

五、寫論文時，若需要用到「省略點」，如「顏志龍具有帥氣、有學問…等等特質」，APA格式規定是三點「…」；沒錯，APA格式就是規定得這麼細。

參、「參考文獻列表」常用的格式

「參考文獻列表」指的是論文最後所附的完整文獻列表。如前所述，只有「本文」中曾經引用過的文獻，才需要列在「參考文獻列表」中，沒有出現過的不可以列出。

參考文獻的排列順序是依照英文字母順序（及中文筆劃順序）去排列的。原則上，你在文書軟體（如Word）中把所有參考文獻選取之後，使用「排序」功能，文書軟體就會自動幫你排好。此外，APA目前規定，如果該文獻有數位識別碼（Digital Object Identifier，簡稱**DOI**），則必須在參考文獻之末加上數位識別碼，數位識別碼之後不再加句點。例如：

> Baumeister, R. F., Bauer, I. M., & Lloyd, S. A. (2010). Choice, free will, and religion. *Psychology of Religion and Spirituality, 2*(2), 67-82. http://doi.org/10.1037/a0018455

這例子中最後的「http://doi.org/10.1037/a0018455」就是數位識別碼。數位識別碼通常在文章的第一頁可以找到（就是doi加一串數字）。由於未必每筆文獻都有數位識別碼，為了舉例方便，以下所有的例子都沒有加數位識別碼；但你必須記得，如果有數位識別碼就要加上去。至於其他常用格式要求如下所述，請特別注意：**以下所有例子的每個標點符號（如逗號、句號、冒號等等）、斜體與否，都不是隨便寫上去的，它們是固定格式而且不能任意更動。**

一、**期刊論文**：依序為作者（姓〔完整〕、名〔縮寫〕）、出版年、篇名（依正常英文法格式，不需每字大寫）、期刊名（需斜體，除介係詞和連接詞外，其餘所有字的第一個字母都要大

寫）、卷號（需斜體）、期號、頁碼。例如：

Yen, C. L., Chao, S. H., & Lin, C. Y. (2011). Field testing of regulatory focus theory. *Journal of Applied Social Psychology, 41*(6), 1565–1581.

顏志龍、邱發忠（2008）。臺灣軍事心理學發展的回顧與展望：實徵分析研究。*應用心理研究，37，*67-93。

【請注意比對上述兩筆文獻，除了中、英文的差別外，兩筆文獻的格式其實是一模一樣的。以下都是如此。中文的文獻格式，除了語文差異外，其餘應盡可能依APA格式去處理。】

【英文的那一串名字中（Yen, C. L., Chao, S. H., & Lin, C. Y.），又是句點、又是逗號，看起來非常複雜難懂，它背後的邏輯是：(1)句點是為了表示名字的縮寫，(2)逗號是為了作分隔，這樣想你就會發現好懂很多。】

二、**學位論文**：依序為作者（姓〔完整〕、名〔縮寫〕）、出版年、篇名（需斜體，依正常英文法格式，不需每字大寫）、論文類型（未出版之博／碩士論文）、學校。例如：

Wang, T. Y. (2007). *Gender difference in fear of success and leadership self-efficacy: The moderating effect of mortality salience* (Unpublished master's thesis). National Defense University.

顏志龍（2005）。*領導者之認知分化、情感分化和行為分化之間的關係*（未出版之博士論文）。國立政治大學。

【英文的冒號 ":" 相當於句點，其後接的第一個字必須大寫。】

三、**書籍**：依序為作者（姓〔完整〕、名〔縮寫〕）、出版年、書名（需斜體，依正常英文法格式，不需每字大寫）、版本（若有需要）、出版社。例如：

Gorsuch, R. L. (1983). *Factor analysis* (2 ed.). Erlbaum.

顏志龍、鄭中平（2019）。*給論文寫作者的統計指南：傻瓜*

也會跑統計。五南。

四、**書籍（編著的其中一章）**：依序為作者（姓〔完整〕、名〔縮寫〕）、出版年、篇名（依正常英文法格式，不需每字大寫）、In（載於）、編者（名〔縮寫〕、姓〔完整〕；注意「名」在前、「姓」在後）、(Ed.),（若編者有兩人以上則是Eds.）、書名（斜體）、頁碼（前面需加pp）、出版社。例如：

Chaiken, S., Liberman, A., & Eagly, A. H. (1989). Heuristic and systematic processing within and beyond the persuasion context. In J. S. Uleman & J. A. Bargh (Eds.), *Unintended thought* (pp. 212-252). Guilford.

顏志龍、林烘煜（2003）。士氣與團隊精神。載於鄭伯壎、姜定宇、鄭弘岳（編），*組織行為研究在臺灣：三十年回顧與展望*（頁87-114）。桂冠。

【上例的英文文獻意思是：Uleman, J. S.和Bargh, J. A.在1989年編輯（不是寫）了一本叫作"*Unintended thought*"的書，裡面有很多篇由不同作者寫的文章。你引用的是Chaiken, S., Liberman, A., & Eagly, A. H.寫在這本書的第212-252頁中的文章，此文章名稱是Heuristic and systematic processing within and beyond the persuasion context.】

五、**翻譯的書籍**：原作者（姓〔完整〕、名〔縮寫〕）、翻譯出版年、翻譯書名（需斜體）、譯者（前後括弧）、出版社、原著發表時間（前後括弧）。

Christie, A. (2010). *一個都不留*（王麗麗、劉萬勇譯）。遠流。（原著發表於1939）

【注意在本文中寫作時，其引用方式需包含原著與翻譯版的出版年，例如：「Christie (1939/2010) 認為…」；表示原著出於1939年，翻譯於2010年。】

六、**網路資料的引用**：作者（姓〔完整〕、名〔縮寫〕）、著作日期（若知道年、月、日，則要明確寫出；若不知日期，則寫

n.d.）、篇名（需斜體，依正常英文法格式，不需每字大寫）、
網站名稱、網址。例如：

Gallagher, J. (2020, November 24). *Covid-19: Oxford University vaccine is highly effective.* BBC News. https://www.bbc.com/news/health-55040635

顏志龍（2014, September 25）。*如何安全的分手*。銘傳心理 顏志龍的部落格。http://dragon1943.blogspot.tw/2014/09/blog-post_39.html.

肆、APA格式關於統計符號呈現的規範

一、所有英文統計符號（如 M, SD, z, t, F, d, p, df 等）必須斜體，所有希臘文統計符號（如 $\mu, \rho, \beta, \eta, \chi$ 等）不可以斜體。見附表1-2，由於 F, p, M, SD 為英文統計符號，故斜體。η, β 為希臘文統計符號，故不斜體。

二、等號、大於、小於，前後要空一格。見附表1-2，所有等號、大於、小於前後都空了一格。

三、錯誤率 p 要寫出實際的數值，如「$p = .009$」。當實際 p 值小於.001時，電腦報表會呈現 p 值為.000，請注意，此時必須寫「$p < .001$」，不可以寫「$p = .000$」，**論文中永遠不可能出現「$p = .000$」這種寫法**。見附表1-2中的兩個 p 值。

四、APA格式建議小數四捨五入到小數點兩位。但在某些情況下若需要更多位數，才能提供足夠訊息，則可以增加小數位數。論文中最常見的是效果量 η^2 或 p 值，可以報告到小數第三位。請見附表1-2的各個小數點位數。

五、永遠不可能大於1的統計值（如相關係數、機率值），整數位必須省略。例如「$r = .32$，$p = .01$」；否則，不可以省略整數位，例如「$SD = .33$」是錯誤寫法，應寫為「$SD = 0.33$」，因為標準差 SD 是一種有可能大於1的統計值。

附表1-2

> 以單因子變異數分析（ANOVA）分析結果顯示：性別對愛情偏好有主要效果，$F(1,93) = 7.15$，$p = .009$，$\eta^2 = .071$。進一步分析顯示：男性（$M = 12.42$，$SD = 0.01$）擇偶時的愛情偏好高於女性（$M = 10.45$，$SD = 3.45$）。迴歸分析結果顯示浪漫性對愛情偏好有顯著之預測力，$\beta = .36$，$p < .001$。表示愈是浪漫的人，其愛情偏好愈強。

伍、APA格式關於圖表的規範

一、表標題格式（見附表1-3）

（一）表標題在表的上方、靠左。

（二）表編號和表標題分兩行。

（三）表編號不斜體、表標題斜體。

附表1-3

描述統計與相關矩陣 [a]

	M（SD）	信度[b]	題數	1	2	3
1.女性角色態度量表	4.34（0.48）	.79	21			
2.自陳式SF	0.34（0.18）	.83	29	.07		
3.投射式SF	1.14（1.06）	.91	6	.06	.28*	
4.領導自我效能	4.23（0.61）	.85	12	-.01	-.05	.08

註：SF = 成功恐懼。引自「性別對於成功恐懼與領導自我效能之影響：死亡顯著性之調節效果」，王姿茵，2007，國防大學未發表之碩士論文，p.44。

[a] $N = 78$。[b] 信度除了投射式成功恐懼為評分者信度外，其餘皆為內部一致性α。

* $p < .05$

二、表註解的用法

（一）一般性註解在最前，其形式為「『註』+說明」，見附表1-3第一個註解。

（二）對應表中某處的特殊性註解排第二行，並用上標的a, b, c…作

起首，表中要有對應的上標a, b, c…；請看附表1-3之標題、「信度」那一欄及表下第二個註解。

（三）機率性註解永遠在最後。

（四）表不可以有直線。

三、圖標題的格式（見附圖1-1）

（一）圖標題在圖的<u>下方</u>、<u>置中</u>。

（二）圖編號<u>斜體</u>，圖標題<u>不斜體</u>（和表格的格式剛好完全相反）。

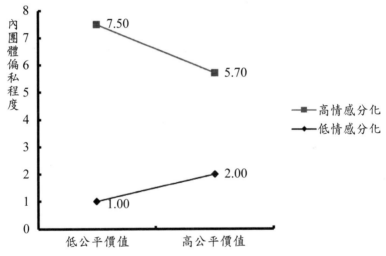

附圖11-1 情感分化對公平價值及內團體偏私之調節效果

APPENDIX 2

學位論文常用統計表格

附表2-1

「實驗操弄×性別」在依變項上之描述統計

	實驗組		控制組	
	男(N = 50)	女(N = 51)	男(N = 46)	女(N = 47)
愛情偏好	73.05 (10.36)	78.14 (10.54)	72.90 (13.04)	67.58 (13.21)
親密需求	5.14 (2.37)	6.10 (2.12)	5.25 (2.88)	5.21 (2.86)
擇偶標準	5.48 (2.38)	6.24 (2.39)	5.10 (1.92)	4.63 (2.83)

註：表中數值為平均值，括弧內為標準差。

附表2-2

描述統計及相關矩陣

		M (SD)	α	題數	1	2	3	4	5	6
	1.死亡操弄[a]	-	-	-	-					
反應時間	2.死亡字詞	12.35 (9.23)	.81	7	.05	-				
	3.正常詞彙	10.80 (9.37)	.79	8	.06	.67**	-			
	4.非辭	15.49 (10.45)	.94	15	-.11	.66**	.59**	-		
自我覺察	5.公開我	4.47 (2.36)	.74	3	.23*	-.01	.06	.02	-	
	6.私下我	4.93 (2.17)	.71	3	.29**	-.12	-.18	-.01	.68*	-
	7.死亡焦慮	1.91 (0.476)	.85	15	.14	-.12	-.10	-.09	.25*	.12

[a]死亡操弄採虛擬變數（dummy code）轉換，實驗組1，控制組0。

* $p < .05$ ** $p < .01$

附表2-3

性別在各依變項上之 t 檢定

向度	平均值（標準差）		自由度	t值	效果量(*d*)	*p*
	男性(*N* = 32)	女性(*N* = 35)				
愛情偏好	11.00(4.36)	9.62(3.59)	65	1.41	0.35	.16
親密需求	13.75(4.91)	11.45(3.02)	65	2.32*	0.58	.02

* *p* < .05

附表2-4

「性別」、「內外團體」對「刻板印象」之二因子變異數分析摘要表

變異來源	*SS*	*df*	*MS*	*F*	效果量(η_p^2)	*p*
時間距離(A)	438.52	1	438.52	1.64	.015	.20
內外團體(B)	1316.97	1	1316.97	4.94*	.043	.03
A * B	.66	1	0.66	0.01	<.001	.96
誤差	29352.38	110	266.84			
總和	31139.44	113				

* *p* < .05

附表2-5

「時間距離」與「內外團體」對「軍人刻板印象」之單純主要效果分析摘要表

變異來源	*SS*	*df*	*MS*	*F*	效果量(η_p^2)	*p*
時間距離						
at內團體	0.22	1	0.22	<.001	<.001	.97
at外團體	1113.17	1	1113.17	7.98**	.094	.01
內外團體						
at明天	272.60	1	272.60	1.95	.023	.17
at三年後	275.88	1	275.88	1.98	.023	.16

** *p* < .01

附表2-6

「性別*轉型領導*奇魅領導」對工作滿意階層迴歸分析表

	B	SE B	β	$\triangle R^2$	$\triangle F$	Adj. R^2
Step 1				.07	1.27	.01
性別(A)[a]	0.05	2.24	.01			
轉型領導(B)	-2.43	2.25	-.15			
奇魅領導(C)	-0.14	0.09	-.09			
Step 2				.12	2.27	.08
A*B	6.47	4.19	.35			
A*C	-5.06	2.66	-.42			
B*C	0.51	2.87	.03			
Step 3				.08	5.56*	.16
A*B*C	10.80	4.57	.49*			

註：$N = 53$

[a] 「性別」為類別變項，故經虛擬變項（dummy code）之處理；
0 ＝ 女，1 ＝ 男。

* $p < .05$

　　【階層迴歸表較複雜，故說明如下：B為未標準化迴歸係數（unstandardized coefficients）、SE為標準誤（Std. Error）、β為標準化迴歸係數（standardized coefficients）、$\triangle R^2$為決定係數的改變量（R Square Change）、$\triangle F$為決定係數改變量的檢定值（F Change）、Adj. R^2為調整後決定係數（adjusted R Square）。】

附表2-7

「領導方式→組織氣氛→工作績效」之中介效果迴歸分析

	組織氣氛	工作績效		
	M1	M2	M3	M4
領導方式	.47***	.22		.02
組織氣氛			.43**	.44**
$\triangle R^2$	.20***	.04	.15***	.16**
Adj R²	.13**	.02	.08**	.13**
F	5.07***	1.21	2.88**	2.39*
自由度	(9,75)	(9,72)	(9,88)	(10,71)

註：表中數值為標準化迴歸係數（β）

* $p < .05$　** $p < .01$　*** $p < .001$

附表2-8

年級對自評傾向之卡方檢定

自評傾向／年級		一	二	三	四
寬大組	人數	33	44	37	40
	百分比	70.2%	60.3%	63.8%	64.5%
自謙組	人數	9	26	16	19
	百分比	19.1%	35.6%	27.6%	30.6%
相等組	人數	5	3	5	3
	百分比	10.6%	4.1%	8.6%	4.8%

註：$\chi^2(6, N = 240) = 11.34, p = .03$

3

傻瓜也會作簡報

　　以下是論文口試（以及適用於各種課堂報告）時的簡報注意事項：

一、「對比」非常重要。簡而言之，就是深色字搭配淺色背景，或是淺色字搭配深色背景。這原則再簡單不過，但我還是常常在課堂或口試時看到訊息不清晰的簡報。原因在於：投影的效果遠比電腦螢幕看到的差很多；誤以為電腦上看到的就是投影出來的樣子，是許多學生在製作簡報時常犯的錯。因此，要以投影機的角度去預想投影效果。

二、必須有大綱。如同論文一樣，簡報的製作並非「筆隨意走」的，而是要有結構。以一個論文報告來說，結構應該是「研究動機與目的」、「文獻探討」、「研究方法」等等。你必須規劃每個部分打算花多少時間講，例如，如果你的報告時間只有15分鐘，那麼「研究動機與目的」在2分鐘內就該講完，畢竟你還有很多東西要講。我遇過不少研究生，明明只有15分鐘的報告時間，開場白就用掉了5分鐘。請一定要避免這種欠缺規劃的報告形式。

三、簡報和論文寫作一樣，報告者就像導遊帶著旅行團（聽眾）走在森林中，要讓聽眾一直知道他們正在簡報大綱中的哪一段。例如，在報告一開始就先呈現大綱，然後開始報告第一單元，等第一單元講完後，再呈現一次大綱，然後告訴聽眾你接下來要講第二單元了，以此類推。如此，聽眾不只見樹，也會一直見林。

四、能用圖表呈現的，盡可能用圖表。圖表永遠比文字容易懂。

五、用文字呈現時，句子中的重點或關鍵字，要用不同的顏色標示出來，如此，聽眾可以很快的知道你想表達什麼。

六、一張投影片中盡可能不要呈現太多文字。

七、如果不得已，必須讓大量文字呈現在一張投影片時（我教統計常常必須如此），則可以用動畫的方式，讓訊息依序按滑鼠逐漸呈現，而不是一次同時全部呈現，如此，聽眾比較不會淹沒在訊息中。

八、投影片的美觀的確是重要的，但美觀指的並非漂亮的簡報背景（這件事相對上並不重要），美觀指的是「文字的排版和字體」。文字排版和字體大幅地決定了簡報看起來是否舒服；這一部分沒做到，簡報背景再華麗，質感仍然會非常差。

九、簡報可以適度的活潑華麗，但是不能過頭。別忘了你是在做專業的學術報告，你的聽眾是專業的博士，過度的活潑華麗反而會帶來負面感受。

十、報告前一定要先練習過，是真的要把空氣當聽眾，大聲的報告出來，而不是在心裡頭默念。真的講出來，和只是看著簡報在心中預想，非常不同。

十一、練習時要計時，算好時間。控制好時間是簡報最基本的要求，連這一點都做不好，會帶來負面印象。

4

勇闖藏經閣 —— 如何作文獻檢索

在閱讀本附錄之前，建議你重新讀本書第二章的「2.3有效率的文獻閱讀」，一起服用，效果更佳。

一、新手必須知道的重要觀念——你不是在找「書」

學生常常宣稱自己找不到合適的文獻，其中一個原因是因為他們認為文獻指的是「書」。從小到大，圖書館對多數人的意義，是保存書的地方，它的功能是讓我們找到「書」。但對寫論文的人來說，圖書館並不是讓你找到書的地方，而是讓你找到論文（別人的學位論文、專業的期刊論文）的地方。也就是說在寫論文的過程中，「書」很少用到，你需要的大多數文獻資料是期刊論文或別人的學位論文。**初略來說，你可以把文獻分成三大類：**

（一）**書**

如前面所說，寫論文的過程中（並不是完全沒有，但是），很少以書籍作為參考文獻。

（二）**別人的學位論文**

就是博碩士論文。這對學生來說，是重要的文獻來源，也是最方便好用的文獻來源。不過比較嚴謹的學者會認為學位論文只是一種不成熟的練習作品，所以正式的學術研究幾乎不會引用學位論文。因此，在論文中大量引用別人的學位論文，會降低你的論文帶給人的表面印象。如果你希望自己的論文看起來很厲害，應該盡可能少引用博碩士論文。但是如果你只是想完成學位，那麼在指導教授不反對的前提下，博碩士論文會是你寫論文過程中最好的朋友。

（三）**期刊論文**

所謂期刊（journal），可以想像成一種專業的雜誌，上面刊登了各個研究領域最新的研究發現。對學者來說，它是作研究時最重要的文獻素材來源。

區分這三大類文獻很重要。**學生在搜尋文獻時之所以遇到困難，常常是因為把這三種文獻攪在一起、分不清楚的關係。**這三類文獻的搜

尋方式、需要注意的事情大不相同；以下就這三大類文獻分別說明之。

二、關於「書」的檢索

這沒什麼好說的，就是把書名、作者或關鍵字，放進你們家圖書館的【館藏目錄】中去找就對了。由於書籍並非寫論文時文獻檢索的重頭戲，請容許我在此草草了事。此外，特別值得一提的是，由於論文寫作很少引用書籍，因此**寫論文時很少使用【館藏目錄】這個功能**。學生找文獻常常徒勞無功的原因之一，是以為使用【館藏目錄】是找文獻的主要方式，這是天大的誤解。

三、關於「學位論文」的檢索

（一）「學位論文」去哪兒找？

只要Google「博碩士論文網」，就可以找到類似「臺灣博碩士加值系統」之類的資料庫，使用這資料庫可以找到大部分的博碩士論文。

（二）注意事項

1. 辦理一個帳號（免費），就可以下載全文了。多數的學位論文都有提供全文下載。

2. 作者沒有提供全文怎麼辦？那你就必須去「國家圖書館」找到那本論文的紙本。這邊順道提一下，有部分人在完成論文後不願意提供全文下載；但想想你自己在作論文過程中，受過多少全文下載的好處？那些願意授權的人無形中幫了你多少忙？請將心比心，在完成論文後，授權即刻下載，幫助那些未來可能需要你的論文的人。

四、關於期刊論文的檢索

以上談了「書」和「學位論文」的檢索，接下來談「期刊論文」的檢索。期刊論文的檢索比較複雜，所以我區分為「重要觀念」、「操作示範」和「常用資料庫」三個部分說明。

（一）期刊論文檢索——重要觀念

在檢索期刊論文前，你一定要弄清楚這個觀念：**【資料庫搜尋】和【找到論文】是兩件不同的事**。這就像你要買束花，「哪裡有賣花」和「實際拿到花」是兩件事。【資料庫搜尋】的功能是告訴你：和你研究主題相關的論文在哪裡（查詢哪裡有賣花）；【找到論文】指的則是你必須到資料庫所指示的位置去，找到那篇論文（走到花店實際拿到花）。而這兩件事有時是合併的，有時是分開的，這就是多數學生常常弄不清的地方。說明如下。

（二）期刊論文檢索——操作範例

具體來說，要找到期刊論文的實際操作如下（通常需要帳密，也就是你的學校的圖書館必須有購買這些資料庫和全文系統）；以下以SSCI資料庫為例（後面會再介紹論文中常用的資料庫有哪些），並且以銘傳大學的圖書系統進行操作。不同學校的圖書館界面會略有不同，但基本的操作原則都大同小異。

1. 進入資料庫

在圖書館中的【電子資源系統】（注意，**不是**「館藏目錄」）搜尋你想要的資料庫（如Social science citation index），然後進入它。請特別注意，此時你搜尋的子類別必須是「資料庫」（如圖S4-1標示處），很多時候你找不到想要的東西，都是因為這個子類別的設定不對。

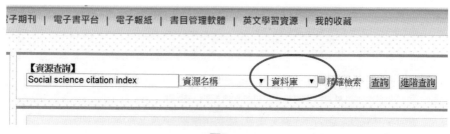

圖S4-1

2. 使用關鍵字檢索

進入資料庫之後，通常會看到檢索列；輸入你想找的關鍵字，如「job involvement」，見圖S4-2標示處。

圖S4-2

3. 若有全文連結

此時資料庫會列出和你的檢索條件有關的所有論文。若有全文（所謂「全文」（full text），是學術界的行話，指的是你想要的那篇論文的實體），則你會看到全文連結（見圖S4-3標示處），點一下連結就可以找到下載連結，或是直接下載論文了。這就是前面提到的，【資料庫搜尋】和【找到論文】這兩件事有時是合併的；若你需要的論文在資料庫中剛好有全文連結，就賺到了，點全文連結（英文可能會用"Full Text"這個字）就可以找到所需論文。而如果你想要的文獻沒有全文連結，見下述。

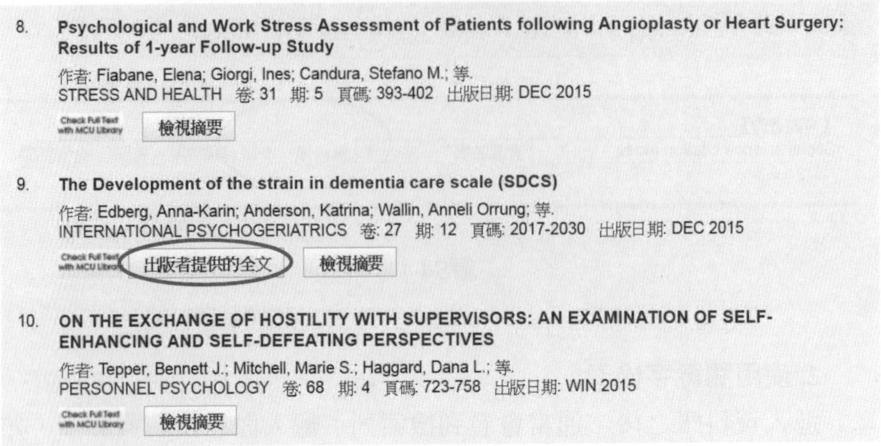

8. Psychological and Work Stress Assessment of Patients following Angioplasty or Heart Surgery: Results of 1-year Follow-up Study

作者: Fiabane, Elena; Giorgi, Ines; Candura, Stefano M.; 等.
STRESS AND HEALTH 卷: 31 期: 5 頁碼: 393-402 出版日期: DEC 2015

Check Full Text with MCU Library 　檢視摘要

9. The Development of the strain in dementia care scale (SDCS)

作者: Edberg, Anna-Karin; Anderson, Katrina; Wallin, Anneli Orrung; 等.
INTERNATIONAL PSYCHOGERIATRICS 卷: 27 期: 12 頁碼: 2017-2030 出版日期: DEC 2015

Check Full Text with MCU Library 　出版者提供的全文 　檢視摘要

10. ON THE EXCHANGE OF HOSTILITY WITH SUPERVISORS: AN EXAMINATION OF SELF-ENHANCING AND SELF-DEFEATING PERSPECTIVES

作者: Tepper, Bennett J.; Mitchell, Marie S.; Haggard, Dana L.; 等.
PERSONNEL PSYCHOLOGY 卷: 68 期: 4 頁碼: 723-758 出版日期: WIN 2015

Check Full Text with MCU Library 　檢視摘要

圖S4-3

4. 若無全文連結

如果你想要的文獻沒有全文連結，請記下此篇論文的期刊名稱、卷、期、頁碼、出版年等資訊。例如圖S4-3中的第10篇是沒有提供全文連結的，你必須記下它的期刊名稱、卷、期、頁碼、出版年（Personnel Psychology、卷68、期4、頁碼：723-758、2015年），然後在【電子資源系統】（注意，**不是**「館藏目錄」）輸入期刊名稱（注意，是期刊名稱，**不是**論文篇名）去搜尋。此時你搜尋的子類別必須是「電子期刊」（如圖S4-4標示處）。然後，如果你所在的圖書館有訂閱這個電子期刊，你就會看到連結；進入連結，依之前記下的卷、期、頁碼等資訊，就可以找到你需要的論文全文。

簡而言之，期刊論文的檢索都是先從【資料庫】出發，然後有全文連結就直接由連結下載，沒有全文連結就是利用圖書館中的【電子期刊】去找到那篇論文的全文。

（三）期刊論文檢索──常用資料庫

如前所述，期刊論文的檢索都是先從【資料庫】出發，然後才找到論文。【資料庫】可以想像成各種賣場，Costco、大潤發、家樂福，甚至7-11；而你要找的文獻就像裡面的商品。各家賣場的商品彼

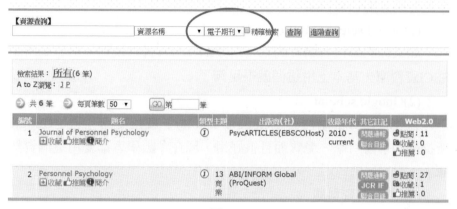

圖S4-4

此有相同重複的，也有獨家商品；進去哪個賣場，決定了你能買到什麼商品，會錯過哪些東西。那麼有哪些常用的資料庫呢？

1. 中文期刊資料庫

(1)華藝線上圖書館

如果你的學校有購買的話，用圖S4-1的方式可找到。應該是目前臺灣最便利的中文全文資料庫系統。這也是研究生很愛使用的資料庫，但是一方面中文的學術性文獻本來就少，二方面這個資料庫所收錄的文獻並不完整，兩者交集的結果就常常是：「老師，我找不到文獻！」但其實並不是沒有文獻，而是因為研究生過度依賴這個不完整的資料庫的結果。

(2)臺灣期刊論文索引

這個資料庫是免費的，只要Google「期刊論文索引」就可以找到。使用時特別注意，在「資料性質」的搜尋條件中只勾選「學術性」（也就是取消「一般性」那個勾），否則會跑出一堆奇奇怪怪的非學術文獻。事實上，即使是只勾選「學術性」也會跑出很多非學術性文獻（所以嚴格來說，這個號稱「期刊論文索引」的系統非常不學術，它的內容很龐雜）。再者，它是沒有全文的。

2. 英文期刊資料庫

(1)Social science citation index

如果你的學校有購買的話，用圖S4-1的方式可找到。這就是所謂SSCI資料庫，基本上用這個就很足夠了。

(2)Google scholar

只要在搜尋引擎搜尋「Google scholar」就找得到。這是Google所提供的學術引擎，免費而且很好用，現在多數學者都愛用這個資料庫。

(3)EBSCO資料庫

如果你的學校有購買的話，用圖S4-1的方式可找到。很多人都推薦使用這一家資料庫，但我個人不太喜歡，幾乎不使用（以下是我個人意見，請小心服用）。主要原因是EBSCO其實是一家出版商名字，而不是一個資料庫，於是有一堆冠以EBSCO之名的資料庫（如EBSCO ERIC、EBSCO ASP......），我常常不確定我使用其中一個，會不會漏掉什麼東西？因此，如果你很清楚不同EBSCO資料庫的交集聯集關係，這應該是很好用的資料庫。否則我個人還是推薦SSCI和Google scholar。

(4)其他資料庫

其他還有一些知名的資料庫，如心理學的PsycINFO、PsycARTICLS等等。如果你的學校有購買的話，用圖S4-1的方式可找到。但其實這些資料庫都被包含在前面提到的大型資料庫裡面。例如PsycINFO、PsycARTICLS中的論文在SSCI和Google scholar上都可以檢索到，唯一的差別是PsycINFO、PsycARTICLS可能直接提供了全文，很方便；而SSCI和Google scholar可能未必提供全文。簡言之，很多像PsycINFO、PsycARTICLS這類資料庫它的範圍小，因此有可能在搜尋時漏掉重要文獻，但可以直接下載全文很便利。而像SSCI、Google scholar這類大型資料庫提供的全文可能少，但資料庫很完整，你不用擔心漏掉什麼文獻。基本上還是建議先使用像SSCI、Google scholar這類的大型資料庫，然後再利用電子期刊去找

全文。

3. 其他注意事項

(1)**當資料太多時**。使用資料庫時，若發現沒事出來個幾百筆資料（通常如此），則可以這樣作：

①一般資料庫中都有很多進階功能可以使用，如限定作者、年代、期刊名等等，這些功能對文獻搜尋的效率有很大的幫助。善用條件索引的功能來降低資料篇數；如「A & B」、「A & B & C」；甚至限定關鍵字必須出現於論文題目，如「A in title」或「A in title & B」等等（in title這指令只是隨意杜撰，請依各資料庫的條件索引功能去執行）。

②選擇刊登在較好的期刊上的論文。至於何謂好的期刊，就要問問你的指導教授了。

(2)**當資料太少時**。通常是你用錯了關鍵字，你應該和指導教授討論，使用更適切的關鍵字。

(3)**即使是中文資料庫，在搜尋文獻時仍可以考慮用英文關鍵字搜尋**。這是因為中文關鍵字的翻譯千奇百怪，而英文是統一的，因此即使是中文資料庫，用英文關鍵字搜尋，你會更有機會找到所需文獻。

(4)**不要太想依賴中文文獻**。一般來說，中文不容易找到好的文獻……算了，我知道你不想聽；當我沒說。

(5)**如果我的學校很窮，什麼資料庫、全文都沒有，怎麼辦？**帶個隨身碟，到有錢的學校去借用他們的圖書館，通常即使是訪客也能在圖書館內下載論文全文。

五、文獻檢索——小結

（一）文獻大致上可以區分為「書」、「博碩士論文」和「期刊論文」三大類。

（二）寫論文時「書」非常少用，也因此圖書館中的「館藏目錄」功能並非找文獻的主要方法。

（三）若指導教授不反對，博碩士論文是研究生、大學生最便利的文獻來源。可使用類似「臺灣博碩士加值系統」去找到所需文獻；但是必須找好的論文，而且要小心抄襲的問題（關於何謂好的論文，請見本書「2.3有效率的文獻閱讀」；關於抄襲的問題，請見本書「4.6什麼是抄襲」）。

（四）期刊論文是寫論文時最重要的文獻來源，需注意的事項是：

1.【資料庫搜尋】和【找到論文】是兩件不同的事。

2.期刊論文的檢索都是先從【資料庫】出發，然後有全文連結就直接連結下載，沒有全文連結就是利用圖書館中的【電子期刊】去找到那篇論文的全文。

3.資料庫林林總總，建議如下：

(1)若堅持要用中文文獻，就使用「華藝線上圖書館」或「臺灣期刊論文索引」；二者各有利弊。前者不完整，但有全文；後者非常完整，但也因此摻雜了很多非學術性文獻，且無全文。

(2)對多數社會科學來說，使用英文文獻才是正道。並不是學者們媚外或假高級，而是因為社會科學是源自西方的科學，而西方人在研究的質量上都作得比臺灣好。如果你勇於走向正道，那麼首推便利好用的Google Scholar，其次Social science citation index（SSCI）資料庫，再其次EBSCO系列的資料庫；不過這幾個資料庫的全文較不完整，你可能必須搭配圖書館中的電子期刊才能找到全文。

5

關於論文的排版

　　不論一道菜好不好吃，擺盤都是重要的；家裡有客人來，你不會直接拿出一顆蘋果叫人家啃，而是會切好然後擺得漂漂亮亮地端出來。同理，論文的排版非常重要。即使你的論文是奧梨仔，經過適切的排版也會看起來像蘋果。本文只說明基本的排版，真的是很基本的部分；但這些基本排版對學位論文來說足矣，因為學術論文寫作的重點是工整而非華麗。

一、一定要有頁碼

　　一定要有頁碼！沒有頁碼的論文口試時會很慘烈；「老師您說有問題的地方在哪裡？」「那個……就是第一節第四段的倒數第三行那邊……」沒有頁碼的論文口試只能這樣溝通。

二、每段起首

　　每一段起首要空兩個全形字。這應該是國小就教過的東西；但是我的經驗中，似乎有不少學生沒有這個習慣。例如本段的起首處「□□每一段起首要空……」前面空了兩個字，就是這個意思。

三、關於行距

　　APA規定使用「兩倍行高」，但APA格式也特別提到，學位論文格式和一般論文寫作可以不盡相同。純粹以排版的美感來說，我個人認為兩倍行高是不必要的（尤其就需要大量印刷的學位論文來說也非常不環保）。建議在MS Word中這樣作：(1)行距設「1.5倍行高」、(2)與前、後段距離設「0.5行」、(3)將「文件格線被設定時，貼齊格線」的勾勾取消；如圖S5-1。

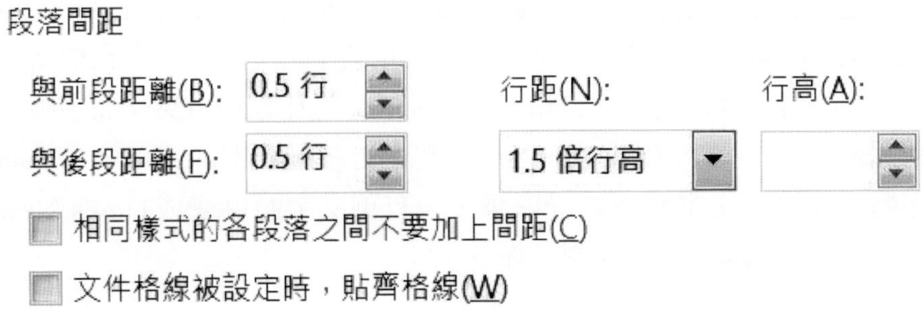

段落間距

與前段距離(B)：　0.5 行　　　　　行距(N)：　　　　行高(A)：

與後段距離(F)：　0.5 行　　　　1.5 倍行高　▼

☐ 相同樣式的各段落之間不要加上間距(C)

☐ 文件格線被設定時，貼齊格線(W)

圖S5-1

四、不要濫用空行、粗體等等

　　學術論文的寫作規範是嚴謹的，不要任意地空行、濫用粗體、斜體，或是使用奇奇怪怪的符號（◎、※、☆……）。以空行來說，大的段落之間（如節與節之間，而不是每一段之間）可以考慮空行作區隔；文字與圖表之間可以考慮空行作區隔。除此之外，建議一律不空行。至於粗體的使用；標題可以考慮粗體表示，除此之外，建議一律不使用任何字體變形。

五、關於字體大小

　　一般來說，論文以12號字就很適切了。如果你因為體諒指導教授年紀（或是為了充頁數），想用大一點的字，那麼極限應該是13號字；超過13號的字都會讓論文看起來很粗糙。此外，除了節標題（如「第一節　XXX」）可以使用比內文大2-4號的字體，其他論文中任何部分都不應該任意放大字體。

六、我該用何種字體？

　　一般來說，標楷體是讀起來比較舒服的字體，也有人使用新細明

體。這邊要特別注意的是，不論標楷體或新細明體都是針對中文的字體，但你的論文多半會有英文、數字夾雜其中；英文、數字在標楷體或新細明體下會很難看，Times New Roman是比較適合英文的字體。因此請這樣作：(1) 按「Ctrl+A」全選論文 (2)選擇Times New Roman字體。此時中文字體不會受影響，只有英文字體會變成Times New Roman，你的論文會因此漂亮許多。

七、請善用分頁符號

　　若論文要分頁，請善用分頁符號，不要用一直按Enter鍵的方式來分頁（學生真的常常這樣作……），這樣你論文的排版會輕鬆很多。不同Word版本的「插入分頁符號」功能位置可能不盡相同，Google一下就可以找到了。

APPENDIX 6

新手論文寫作的步驟

　　論文寫作不能想到哪兒寫到哪兒。過於任意的書寫，常常是研究生寫論文時寫寫停停、無法完工的原因。因此「有規劃的論文寫作」很重要。然而具體來說，有規劃的論文寫作要如何操作呢？這種操作可以藉由循序漸進的三個步驟達成。

Step 1：列出章節標題

　　只列出章節標題，不要寫任何內容。然後去思考：以這樣的章節順序去寫論文，在邏輯上是否順暢？若你無法判斷，請指導教授判斷。範例如表S6-1。[i]

表S6-1

題目：讓網路問卷更有效：以提高注意力需求方式降低網路施測時的 　　　環境干擾 第一章　緒論 第二章　文獻探討 　第一節　網路與紙本施測的差異 　第二節　影響網路問卷的可能因素 　第三節　注意力與環境干擾 　第四節　如何提昇作答之注意力需求

Step 2：條列各節的「每一段」你打算寫什麼？

　　寫論文時，每個章節都會有很多段。因此，接下來要規劃出每個章節下面的**「每一段」你打算寫什麼**，以一、兩句話描述它，要用條

---

[i] 本範例取材自張學億（2014）。*請專心作答：以限時作答降低環境干擾與提昇網路問卷信、效度之研究*（未發表之碩士論文）。國防大學，臺北。

列的、要用條列的、要用條列的（因為很重要，所以講三次）。然後去思考：以這樣的段落順序去寫論文，在邏輯上是否順暢？若你無法判斷，請指導教授判斷。例如表S6-2的「第一章緒論」，作者條列出三段，表示未來緒論會寫三段。同樣的，第二章第一節未來打算寫四段，所以條列了四段。

表S6-2

> 第一章　緒論
> 　1.網路問卷是目前被廣泛使用的研究工具。
> 　2.國內外對於網路問卷的效度都有一些疑慮。
> 　3.本研究的目的是要發展一種能降低環境干擾的網路施測方式。
> 第二章　文獻探討
> 　第一節　網路與紙本施測的差異
> 　1.網路施測可以收到較大量的樣本。
> 　2.網路施測與郵寄紙本施測的取樣品質差不多。
> 　3.網路施測目前沒有像紙本施測那樣完整而嚴謹的環境控制方法，而紙本施測很多是在環境控制的前提下進行施測。
> 　4.研究者認為，兩者如果有效度的差異，可能是因為網路施測沒有做到控制環境。
> 　第二節……（以下各節皆同上）

Step 3：將可以引用的參考文獻放進去每一段中

各段內容決定後，接下來**把你認為該段落可以引用的文獻放進去**，如表S6-3。此時，你可以看出自己某些段落的文獻是足夠的，但也有些段落是不足的。例如表S6-3中，第一段有三篇文獻可引用，但第二、三段都只有一篇文獻可引用。於是你可以再去多找一些文獻，以補強那些不足；或是，取巧一些，更改書寫架構，避過文獻不足的段落。

表S6-3

第一章　緒論
　　1. 網路問卷是目前被廣泛使用的研究工具。
　　2. 國內外對於網路問卷的效度都有一些疑慮。
　　3. 本研究的目的是要發展一種能降低環境干擾的網路施測方式。

第一段可引用文獻：

Rui, J. R., & Stefanone, M. A. (2013). Strategic image management online: Self-presentation, self-esteem and social network perspectives. *Information Communication & Society 16*(8), 1286-1305

Wynaden, D., Wichmann, H., & Murray, S. (2013). A synopsis of the mental health concerns of university students: Results of a text-based online survey from one Australian university. *Higher Education Research and Development*, 32(5), 846-860.

Sanjay, S., Oliver, P. J., Samuel, D. G. (2003). Development of personality in early and middle adulthood: Set like plaster or persistent change? *Journal of Personality and Social Psychology, 84*(5), 1041–1053.

第二段可引用文獻：

Braithwaite, D., Emery, J., de Lusignan, S., & Sutton, S. (2003). Using the internet to conduct surveys of health professionals: A valid alternative? *Family Practice, 20*(5),545-551.

第三段可引用文獻：

Buchanan, T. (2002). Online assessment: Desirable or dangerous? *Professional Psychology-Research and Practice, 33*(2), 148-154.

　　作完以上三個步驟，你就可以真的開始動筆寫論文了。如同本書第四章所說的，此時你可以把過去閱讀的論文的摘述筆記填進上述架構中，然後潤飾組合成完整論文；這樣寫論文會比較輕鬆，論文品質也應該會比較好。「這樣一步一步來，好麻煩喔，邊寫邊作調整不就好了！」當你這樣想時，就像要從臺北開車到高雄，「上高速公路前還得經過閘道管制，好麻煩，開平面道路好了！」然後接下你就會在平面道路上一路塞車、不斷遇到紅綠燈，就算到了目的地也會疲憊不

堪。這三個步驟就是論文旅程中的閘道;我不敢說通過閘道管制後就能一路順暢,但我可以跟你保證,通過閘道之後的那條路是高速公路,不是省道。

APPENDIX 7

研究新手不知道的學術真相

【以下是我對社會科學現狀的一些陳述。由於我是一個心理學家，所以行文時總是以心理學為例，但實際上，我相信這些現象存在於多數的實徵社會科學研究。更多內容，可以在顏志龍的部落格或臉書中查閱。】

一、沒有誰比誰更善良

2011年心理學界有個大新聞，一個知名的社會心理學家Diederik Stapel，被發現長期在研究中捏造數據，至少在超過三十篇研究中使用編造的假資料；這些研究，多半發表在非常高級的期刊，甚至是科學的指標性期刊《Science》上。

為什麼？

為什麼用完全虛構的數據所作出來的研究，最後卻能登在最權威的科學期刊上？為什麼一個一直捏造資料的心理學家，能生存於科學界，並且擁有頗高的聲望呢？

一開始我的想法是Stapel比較沒良心，他只是特例；但這很明顯不是好答案。大部分的科學家和購物臺的陳經理沒什麼兩樣。陳經理想把爛東西賣給你，所以會把產品講得有些誇張；科學家想推銷自己的研究給期刊，也難保不會言過其實。研究刊登在高級的期刊上，可以讓人升上教授，爭取到數百萬的經費，並換來無數的讚美和崇拜；每個研究背後多少都帶有很實質的好處。科學家有好的腦袋，不代表他們比較有良心，不會受到名利誘惑；如果你覺得購物臺主持人講的話不能完全相信，那麼你應該也可以理解，把科學的進步冀望於科學家的道德是很不切實際的；科學家也是會說謊的凡人，只要確定不會被抓到，他們有非常強的動機去說謊。所以「Stapel比較沒良心，他只是特例」這說法不太合理。

然後我想，難道是審查機制出了問題？是不是審查機制不夠嚴格，才會讓這些作假的資料刊登上去？可是也不對，高級期刊的審查都非常嚴格，每次拿到審查意見時，你都會很想要知道審查人是

誰，再順便找人去問候問候他……很多時候審查人提出的要求，眞的非常不容易達成。所以問題不在審查機制上，這機制非常嚴格；況且只要敢作假資料，再嚴格的審查機制也無從發現問題。

想了幾個原因之後，我發現，問題在於缺乏重複驗證（replication），也就是一直沒有人去複製Stapel的研究。仔細想想，我們一直沒有發現Stapel的大量研究是虛構出來的，這件事本身就非常奇怪。試想有一個物理學家，他發表的研究別人都無法成功的複製，只有他自己作得出來；這個物理學家的下場會是什麼？他能存活於物理學界嗎？答案是不能，大家很快就會覺得不對勁，甚至會質疑他有作假的嫌疑。可是同樣的狀況在心理學界卻導致完全相反的結果；如果有一個心理學家，他的研究無法被複製，他不但能存活，甚至還有可能活得比大部分心理學家好。Stapel就是個很鮮明的例子，既然他的研究是捏造出來的，表示它們不可能被成功複製；可是這些無法被複製的研究卻一再地被刊登在最具指標性的期刊上，當事人也因此取得很高的聲望和利益。這表示，可能沒有人去複製過他的研究，所以Stapel所虛構的研究才得以一直存在。

其實只要有人曾經去複製Stapel的研究，就會輕易地發現他的研究都是假的，根本就作不出來。但心理學家一向「不屑」去作和別人一樣的研究，如果有人問：你曾經作過和別人「一模一樣」的研究嗎？大部分心理學家的答案會是沒有；作爲一門科學，這實在是一件很奇怪的事。

但是問題還不止如此，如果大家發現Stapel的研究複製不出來，他的作假就會被揭穿了嗎？奇怪的是，這時的答案是「不會」。我們去設想，假如眞的有人曾複製Stapel的研究，並且（當然）無法複製出這些研究，於是他把這結果告訴其他心理學家，大家的反應會是什麼呢？你會很驚訝地發現心理學家們一點都不會覺得訝異，沒有人會因此去質疑Stapel這個人，Stapel仍然會有很高的地位，依舊會以其卓著的期刊表現而成爲大家仰慕效法的對象。複製不出某個研究，並不會動搖一個心理學者的名聲地位。在心理學中，當某個研究無法被

複製時，它只會成為大家茶餘飯後聊天的八卦，聊完後大家會當作沒什麼事發生，日子繼續過下去。

這其實有點像國王的新衣，明明就沒有人看過那件衣服，但只因為有人說那衣服存在，大家就都信了。更妙的是，當有人說出根本就沒有這件衣服時，大家反而會告誡他：那是你眼睛脫窗，這衣服肯定存在，只要用心看就會看見它。我曾經用將近二十個實驗，去證明期刊上所說的東西根本複製不出來，但很少人相信我說的話，大部分人都覺得一定是實驗出了問題，期刊上說的東西一定存在。你有注意到嗎，我說的是：「用將近二十個實驗」都作不出期刊上宣稱的研究結果，但即使如此，大家普遍還是覺得「這衣服肯定存在，只要用心看就會看得見」。總之，最後我得到的結論是：Stapel事件的問題甚至不在於心理學家不願意去複製人家的研究，而是就算複製不出來，我們也覺得無所謂。

Stapel事件不是壞事，其實我希望它最好三不五時就發生，這樣我們才會逐漸正視這些問題的嚴重性。你一定可以理解：只要確定不會被告，購物臺的陳經理為了他的年終獎金，非常有可能誇大其詞去推銷產品；同樣的，只要確定不會被抓，科學家也有可能以各種形式去說謊。當很確定沒有人會去複製他的研究，或是即使研究複製不出來也不會怎樣時，科學家有絕對的動機去欺騙。

Stapel的例子非常極端，但某種程度來說，社會科學（以及或許包含你的論文）的許多運作和Stapel所做的事，在本質上並沒有很大的差別。Stapel「無中生有」去捏照資料是不道德的，但是「有中藏無」，隱藏某些不利的資料算不算是欺騙？玩弄統計手段使研究呈現預期的結果難道就沒有誠信問題？就道德而言，Stapel或許比其他社會科學家來得可惡，但就對科學的破壞性而言，其實「沒有誰比誰更善良」（最後一句引自五月天《在我心中尚未崩壞的地方》）。

二、我們間接殺了人
★

科學最直接的一個精神是，對同一個研究重作一次，應該要得到同樣的結果。2015年《Science》刊登了一篇研究，它重作了100個刊登在心理學頂尖期刊的研究，想看看能不能複製出同樣的結果；結果發現高達50%-64%的研究無法被成功複製[i]。這背後的意涵是什麼呢？如果極端一點來說，這意思是說，那些所謂最好的心理學研究，可能有超過一半、甚至近2/3是不真實的。未來我們作研究時，不必發問卷、不用作實驗，也不需要什麼複雜的統計，直接丟硬幣就可以了。正面就下結論支持假設、反面下結論不支持假設，這樣可能會猜對50%，比現在的36%-50%來得更好。

或是我換另一方式來說明這件事，這件事很像在測酒駕。一般心理學家都宣稱他們的研究結論犯錯的可能性只有5%，但《Science》的這篇調查告訴我們，雖然學者們口口聲聲說他們犯錯的機率只有5%，實際上錯誤率卻高達50%-64%。這就像酒測時，有人宣稱他只喝了酒精含量5%的啤酒，但一測酒精濃度，你發現他喝的應該是酒精濃度高達64%的高粱。到底啤酒是怎麼變成高粱的？5%是怎麼變成64%的？這背後究竟是命運的安排、情感的糾葛、還是藏著什麼不可告人的祕密？在下結論前，請讓我再補充一件事，事實上那100個研究中，應該有許多研究宣稱他們犯錯的機率不只小於5%，是小於0.1%（沒錯，是百分之零點一：$p < .001$），因此這並不是一個從5%變成64%的故事，而是一個從0.1%變成64%的故事，不是啤酒變高粱的故事，是可口可樂變成高粱的故事，是酒精濃度爆增六百四十倍的故事。

更重要的是，我們在談的不是一個學者或一篇論文，而是一百篇

---

[i] Open Science Collaboration. (2015). Estimating the reproducibility of psychological science. *Science, 349*(6251), 943.

論文看到的現象。如果《Science》的這篇調查暗示可能有學者作了壞事，那麼不是一個學者作了壞事，而是多數的學者都在作壞事。就科學來說，這可能是有史以來最不可思議的一個共犯結構。這是長期以來大家一起把操弄資料當作正常的科學活動的結果。我們這一代的行為科學家將來一定會在科學史上被大大地記下一筆，成為科學發展史中的奇觀。

50%-64%的研究無法被重製，而且這些研究都是我們寫論文時大量引用的研究，是老師們在授課時指定學生閱讀的重要教材，是很多學者窮其一生追求的目標。儘管對心理學家們來說，《Science》的這個調查，所揭示的應該是一件極其荒謬可怕的事，但這件事並沒有真的引起什麼騷動，對心理學家們來說，這只是一個茶餘飯後的話題。仔細想想，就會發現這個震撼彈一點都不震撼，這對一門科學來說是非常奇怪的現象；就像有人說《聖經》上寫的東西都是假的，而基督徒覺得無所謂；或是像突如其來了一個七、八級的大地震，櫥櫃上的東西都砸下來了，地板也裂開了，但大家無動於衷，繼續喝茶聊天。

就心理學來說，頂尖期刊的研究有超過一半，甚至近2/3可能是假的，這件事很嚴重，但這並不是最嚴重的。最嚴重的問題是大家無所謂，「馬照跑、舞照跳。」那些被點名的頂尖期刊，像JPSP、Psychological Science並不會因此而怎樣；未來我們仍然會繼續要求學生讀這些期刊論文，我們自己在寫論文時仍會大量引用它們；幾年後，JPSP、Psychological Science還是所謂的頂尖期刊，大家仍然會拼了命想把高粱酒裝在可樂瓶裡端上去。如果你和我一樣是在學術圈打滾的人，一定能理解我的這個預測不會太離譜；而如果你不是在這圈子打滾的人，可能會覺得我在胡說八道，怎麼可能會這樣？但，真的就是會這樣。

當我看到新聞中，宗教衝突不斷、恐怖攻擊頻傳，乃至於一些殘酷冷血的社會事件時，我常想，為什麼發展了一百多年的行為科學，在耗費了成千上億的資源後，對這些事情似乎完全無能為力？那

可是成千上億的錢、一百多年的時間、無數的聰明人才啊！如果長久以來，學者們不爲了個人私慾而對研究虛構造假，安安份份地從事科學研究，踏踏實實地累積知識，會不會今天我們已經有部分的成就，可以去對抗這世間的殘酷了？然後，幾天前我看到敘利亞的難民，小男童伏屍沙灘的畫面。[ii]如果我們這些共犯有罪，或許我們最大的罪不是浪費了人類的資源，而是，我們間接殺了人。

[ii] 筆者寫這篇文章時，正值敘利亞三歲男童Alan Kurdi在2015年9月隨家人搭船逃離戰難，卻不幸伏屍海灘的照片震撼全球之際。

筆記欄

筆記欄

筆記欄

筆記欄

您， 了沒？

趕緊加入我們的粉絲專頁喲！

教育人文 & 影視新聞傳播～五南書香

等你來挖寶

【五南圖書　教育／傳播網】
https://www.facebook.com/wunan.t8
粉絲專頁提供──

・書籍出版資訊（包括五南教科書、
　知識用書，書泉生活用書等）
・不定時小驚喜（如贈書活動或書籍折
　扣等）
・粉絲可詢問書籍事項（訂購書籍或
　出版寫作均可）、留言分享心情或
　資訊交流

封面圖
不定期
會更換

請此處加入
按讚

國家圖書館出版品預行編目資料

傻瓜也會寫論文（量化＋質化增訂版）：社會
科學學位論文寫作指南／顏志龍著. -- 五
版. -- 臺北市：五南圖書出版股份有限公
司，2021.04
　　面；　公分
　　ISBN 978-986-522-608-4（平裝）

1.社會科學　2.研究方法　3.論文寫作法

501.2　　　　　　　　　　　　110004245

4H05

傻瓜也會寫論文（量化＋質化增訂版）
社會科學學位論文寫作指南

作　　　者 — 顏志龍（406.4）

發 行 人 — 楊榮川

總 經 理 — 楊士清

總 編 輯 — 楊秀麗

副總編輯 — 黃文瓊

責任編輯 — 李敏華

封面設計 — 童安安、姚孝慈

出 版 者 — 五南圖書出版股份有限公司

地　　　址：106台北市大安區和平東路二段339號4樓

電　　　話：(02)2705-5066　　傳　　　真：(02)2706-6100

網　　　址：https://www.wunan.com.tw

電子郵件：wunan@wunan.com.tw

劃撥帳號：01068953

戶　　　名：五南圖書出版股份有限公司

法律顧問　林勝安律師

出版日期　2011年10月初版一刷（共七刷）
　　　　　2015年 4 月二版一刷（共四刷）
　　　　　2017年 8 月三版一刷（共二刷）
　　　　　2018年 8 月四版一刷（共三刷）
　　　　　2021年 4 月五版一刷
　　　　　2024年 2 月五版四刷

定　　　價　新臺幣300元